우정은 세상을 돌며 춤춘다

너머학교 고전교실 06

고전이
건네는 말

3

우정은 세상을
돌며 춤춘다

수유너머R 글 김진화 그림

너머학교

시 대 를 넘 어 온 물 음 ,
고 전 이 건 네 는 말

고전은 오래되었으나 절대 나이 들지 않는 책입니다. 그 속에는 시대를 넘어온 물음이 담겨 있기 때문이지요. 오랜 시간 사람들은 고전이 던지는 물음을 읽어 내며 자신의 삶을 가꾸어 왔습니다. 그런 점에서 고전은 한 권의 책이 아니라 수많은 사람들의 삶이 연결된 질문의 덩어리, 생각의 교차로라고 할 수 있습니다. 우리는 고전 속에 담긴 물음을 읽으며 오랜 시간 이어져 온 배움의 과정에 동참하게 됩니다.

그렇다면 고전 속에 담긴 물음은 어떻게 읽어 내는 걸까요? 인문학 연구공동체 '수유너머R'에서 평소 고전 공부를 하며 나누는 이야기가 있습니다. '읽다 보면 유독 눈이 머물고 가슴을 뛰게 만드는 문장이 있다. 그것을 붙잡고 생각을 이끌어 가라. 그러면 사유의 물꼬가 트

이고 자기 삶의 문제를 보는 새로운 눈이 열릴 것이다!' 어려운 원문 앞에서 주춤거리는 초보에게 해 주는 조언이지만 연구실에서 강조하는 고전 공부의 핵심 자세이기도 합니다.

고전의 원문을 찬찬히 읽다 보면 마음을 두드리는 문장이 있습니다. 그 문장이 씨앗이 되어 여러 질문을 낳지요. 함께 공부하는 동료들과 그 질문을 나누고 다시 생각하는 과정에서 내 삶에 놓인 문제를 낯설게 보는 눈이 생깁니다. 삶을 변화시키는 앎이 거기서부터 하나씩 싹을 틔웁니다.

이렇게 고전이 우리에게 던져 준 하나의 질문, 하나의 말을 화두 삼아 글을 써 '고전이 건네는 말' 시리즈를 펴내게 되었습니다. 고전 속 씨앗문장과 더불어 원문을 짧게나마 함께 실어 읽어 볼 수 있게 했습니다. 요약본이나 해설서만 읽는 것은 어떤 사람에 대해 이야기만 전해 듣고 친구가 되었다고 믿는 것과 같아요. 고전은 고전 자체로 만나야 합니다. 고전이 전해 주는 생생한 말을 들으려면 말이지요.

이 시리즈는 연구실에서 해마다 열리는 기획 강좌 '10대를 위한 고전 읽기-시대를 넘어온 물음'의 결실입니다. 강좌에 참여한 10대들이 고전을 읽으며 두 눈을 빛내던 장면이 떠오릅니다. 고전이 자신에게 건넨 말을 어떻게 표현해야 할지 고심하던 동료들의 얼굴도 선하네요. 강좌에서 나누었던 질문을 되새기고 글을 다듬어 책으로 내는 과정 자체가 소중한 배움이었습니다. 그래서 지난해 여름에 나온『너는 네가 되어야 한다』와『나를 위해 공부하라』에 이어 올해에도 또

다른 질문을 담아 책을 펴내게 되었습니다.

  고전 속에 담긴 물음 앞에는 나이 든 이도, 어린 사람도 따로 없습니다. 단지 오래전에 건너온 새로운 물음을 읽고 자기 삶을 가꾸어 가는 사람이 있을 뿐이지요. 이 책을 읽는 여러분도 고전이라는 교차로에서 자신만의 질문을 만날 수 있기를 바랍니다. 함께하는 동료, 친구들과 그 질문을 나누고 더 풍성한 배움으로 삶을 꾸려 갈 수 있기를 바랍니다.

2014년 여름 김수미

우정은 세상을 돌며 춤춘다

에피쿠로스 · 『쾌락』

강민혁

EPICUREANISM

우정, 모험 그리고 쾌락

　　　　　　　　　　　　제게 어릴 적 친구들은 특별합니다. 다른 일은 기억이 가물가물한데, 친구들은 별명, 말투, 심지어 그가 사귀던 여자 친구의 얼굴까지 떠오를 정도입니다. 이제는 친구들의 옛 기억을 나누는 것만으로도 즐겁습니다. 며칠 전에도 오래된 친구를 만났는데, 그 친구가 제 옛 버릇을 흉내 내서 의자가 뒤로 넘어지도록 웃었습니다. 그저 함께 이야기하고 같이 있어 주는 것만으로도 즐거워지더군요.

　저만 그렇게 느끼는 건 아닌 모양입니다. 고대 그리스의 철학자 에피쿠로스(Epikouros, 기원전 341?~기원전 270)는 『쾌락』이라는 책에서 이런 말을 합니다. "우정은 세상을 돌며 춤춘다. 그리고 우리 모두에게 외친다.—일어나서, 행복한 삶을 칭송하라." 〔「단장(바티칸의 금언

에피쿠로스 고대 그리스의 철학자. 기원전 306년에 '에피쿠로스의 정원'으로 유명한 공동체를 만들어 에피쿠로스학파의 시조가 된다. 독일 페르가몬 박물관에 있는 에피쿠로스의 흉상.

들)」52) 처음 이 구절을 읽을 때 '바로 이거야!'라며 절로 감탄했던 기억이 납니다. 제 머릿속으로만 떠돌던 우정이 아주 절묘하게 표현됐거든요. 친구들과 함께하는 순간 감도는 행복한 느낌, 어디선가 우정이란 녀석이 불쑥 손을 내밀어 춤을 청하면 벌떡 일어나야겠다는 상상……. 여러분은 '우정' 하면 어떤 생각이 떠오르나요? 여러분도 에피쿠로스의 말에 공감하나요?

그런데 에피쿠로스는 이런 말을 덧붙입니다. "우정에 너무 적극적인 사람도, 너무 머뭇거리는 사람도 모두 옳지 않다. 하지만 우리는 우정을 위해서 모험을 해야 한다."〔단장(바티칸의 금언들)」28〕 우정만 있으면 저절로 행복해질 것 같은데, 이 구절에서는 우정에 너무

적극적이지도, 너무 머뭇거리지도 말라는 충고를 덧붙이네요. 더군다나 우정을 위해서 모험을 해야 한다니, 우정이 아주 위험한 것이라도 되는 걸까요?

고대 그리스의 철학사가 디오게네스 라에르티오스는 그의 책 『유명한 철학자들의 생애와 사상』에서 에피쿠로스가 친구들을 무척이나 좋아했다고 전합니다. 심지어 친구라면 노예나 창녀들과도 허물없이 지냈다고 말하고 있지요. 그럼 혹시 그가 자선사업이나 정치를 했던 것은 아닐까요? 아닙니다. 그는 정치에 전혀 참여하지 않았습니다. 물론 자선사업을 한 것 같지도 않고요. 그럼에도 온갖 곳에서 친구들이 찾아왔다는군요. 항상 에피쿠로스 주위에는 왁자하게 들려오는 친구들의 소리가 가득했을 거예요.

그럼 혹시 부자라서 사람들이 많이 찾아온 걸까요? 이것도 아닙니다. 기록만 봤을 때는 분명 아니에요. 오히려 살아가는 데 물과 약간의 빵이면 족하다고 말한 걸로 봐서, 그는 우리가 흔히 생각하는 부유함과는 거리가 멀었습니다. 그런데 뜻밖에도 에피쿠로스는 '쾌락주의자'로 널리 알려져 있습니다. '쾌락'이 인생의 목적이라고까지 말하기도 합니다.

사실 우리나라에 번역된 에피쿠로스의 책 제목도 『쾌락』인데, 원래 이런 제목은 아니었어요. 그가 쓴 책은 300편이 넘었다고 하지만, 남아 있는 글은 디오게네스 라에르티오스가 필사해 둔 세 통의 편지와 40개의 「중요한 가르침」, 81개의 단장(짧은 문장)들로 구성된 필사본

「바티칸의 금언들」이 고작입니다. 이를 모아서 우리나라에 소개할 때, 번역자가 '쾌락'이라는 이름을 붙인 것이죠. 그만큼 '쾌락'이 에피쿠로스에게 중요하긴 한 것 같습니다. 살아가는 데 물과 약간의 빵이면 족하다는 말과 '쾌락'이 인생의 목적이라는 말은 언뜻 보면 앞뒤가 맞지 않아 보입니다. 에피쿠로스가 말하는 쾌락은 우리가 생각하는 쾌락과는 뭔가 다른 것 같지요?

우정과 모험, 그리고 쾌락. 에피쿠로스가 강조했던 이 단어들이 어우러지면 어떤 일이 벌어질까요? 이 세 단어로 에피쿠로스는 무슨 말을 하고 싶었던 걸까요?

우정, 정치를 떠나다

철학, 아타락시아를 향하다

에피쿠로스는 그리스 사모스 섬에서 태어났습니다. 언뜻 생각하면 그리스 본토의 해안 어딘가에 있을 법한 섬입니다. 그러나 지도를 찾아보면 터키 해안에서 그리 멀지 않은 곳에 위치합니다. 그리스 섬인데 아테네에서는 가장 멀고 오히려 터키에서는 가장 가깝습니다. 왜 그럴까요?

　기원전 4세기 그리스의 왕들은 동방을 정복하기 위해 계속 전진을 외쳐 댔답니다. 그 시절 그리스 본토 북쪽 마케도니아의 궁에는 알렉산드로스 대왕(기원전 356~기원전 323)이 자라고 있었습니다. 훗날 알렉산드로스 대왕은 스무 살의 나이에 4만 명의 보병을 이끌고 해협을 건너 20일 만에 트로이를, 1년 만에 페르시아를 점령하고, 마침내

「알렉산드리아를 세우는 알렉산드로스 대왕」 그리스·페르시아·인도에 이르는 대제국을 건설한 알렉산드로스 대왕은 원정한 지역에 자신의 이름(알렉산드리아)을 붙였다. 플라시도 코스탄치의 1736~1737년 작품.

당시 페르시아가 지배하고 있던 이집트까지 치고 들어갑니다. 역사적으로도 대단히 큰 전쟁이었습니다. 바야흐로 세계는 커다란 전쟁에 휩싸일 참인 거지요.

　바로 그런 때에 사모스 섬은 아테네의 식민지가 되었습니다. 이즈음 에피쿠로스의 아버지인 네오클레스가 이 섬에 보내집니다. 아테네가 지배를 더욱 확실히 하기 위해서 아테네 시민들에게 사모스 땅의 소규모 경작지를 나누어 주었는데 네오클레스도 그 땅을 받아 사

모스 섬에 가서 살게 됐지요. 당연히 에피쿠로스도 사모스 섬에서 나고 자랍니다.

어린 에피쿠로스는 어머니와 함께 '마음을 정화시키는 글'을 읽었다고 해요. 또 아버지 네오클레스는 농부이자 선생이기도 했고요. 전쟁으로 소란스러운 시대여서인지 일찍부터 마음공부를 했던 것 같아요. 열두 살부터 에피쿠로스는 사모스 섬의 팜필로스에게서 철학을 배웁니다. 팜필로스는 플라톤의 가르침을 따르는 사람이었습니다. 플라톤이 죽은 지 채 20년이 안 되었고, 아테네에는 플라톤이 세운 학교인 아카데미아가 있었던 시절이에요. 이 공부는 열여덟 살 군대에 가기 전까지 계속됩니다. 이후에 에피쿠로스에게 철학은 전 생애에 걸쳐 실천해야 할 것이 됩니다. 훗날 에피쿠로스는 이 실천에 대해서 아주 멋진 말을 남깁니다.

젊은 사람이 철학하기를 주저해서는 안 되며, 늙었다고 해도 철학에 싫증을 내면 안 된다. 왜냐하면 어느 누구도 마음의 건강을 얻기에 너무 이르거나 늦지 않았기 때문이다. 철학할 나이가 아직 오지 않았거나 이미 지나갔다고 말하는 사람은 행복을 얻을 나이가 자신에게 아직 오지 않았거나 이미 지나갔다고 말하는 것과 다름없다. 따라서 젊은이건 노인이건 철학을 탐구해야 한다. 노인은 나이를 먹어 가도 지난 일들에 감사하면서 축복 속에서 젊어지도록, 또한 젊은이는 비록 젊더라도 미래의 일에 대

해 두려움을 가지지 않고 노력하도록…… 우리가 행복하다면 모든 것을 다 가지는 반면, 불행하다면 우리는 행복을 얻기 위해 무슨 일이든지 할 것이므로, 우리는 우리를 행복하게 만들어 줄 것들을 돌보아야 한다.　　　―「메노이케우스에게 보내는 편지」

에피쿠로스가 제자인 메노이케우스에게 보낸 편지글의 첫 부분입니다. 에피쿠로스는 마음의 건강을 얻기 위해서 전 생애에 걸쳐 철학을 해야 한다고 이야기합니다. 젊은이는 젊은이대로 미래의 일을 두려워하지 않기 위해서, 노인은 노인대로 지나간 일들을 축복하고 스스로 젊어지기 위해서 철학을 해야 합니다. 젊은이가 철학을 하면 미리 앞서서 살 수 있습니다. 노인이 철학을 하면 지나간 세월을 다시 살 수 있습니다. 다시 말하면 젊은이는 철학을 통해서 앞으로의 생에 대해 통찰을 갖게 되고, 노인은 철학을 통해서 회춘回春할 수 있습니다. 에피쿠로스에게 철학은 새로운 삶을 살게 하는 힘이라고 해야 할 것 같습니다.

프랑스 철학자 미셸 푸코는 이 구절을 소개하면서 에피쿠로스의 철학을 '시간 되돌리기', '시간으로부터 벗어나기'라고 표현하였습니다. 철학을 하면 어느 시간이든 갈 수 있는 것이죠. 그러니까 철학은 타임머신처럼 시간으로부터 벗어나서 미래의 불안도, 과거의 회한도 없애고 마음의 건강을 가져옵니다. 사유와 기억을 통해서 자유자재로 시간을 움직여 마음의 건강을 가져오는 자, 에피쿠로스에게 철학

자는 바로 그런 사람이지요. 멋지지 않나요? 저는 앞에 인용한 편지 글을 읽을 때마다 공부할 맛이 절로 생기곤 한답니다.

이처럼 에피쿠로스는 철학이 마음을 정화한다고 보았습니다. 여기서 정화란 병에 걸린 몸을 치료해서 건강해지는 것과 같습니다. 이렇게 정화되면 마음이 고요한 상태인 행복이 찾아옵니다. 이 행복의 상태를 에피쿠로스는 '아타락시아ataraxia'라고 불렀습니다. 앞에서 에피쿠로스가 '쾌락'이 인생의 목적이라고 말했을 때 '쾌락'이란 이 아타락시아를 말합니다.

우리는 쾌락이라고 하면, 하고 싶은 것을 마음껏 할 때의 느낌을 떠올리지요. 하지만 쾌락은 식욕, 성욕, 명예욕을 무한히 충족하는 것이 아닙니다. 물론 이들을 금하라는 말은 아닙니다. 그러나 그런 욕망은 지나치면 고통이 됩니다. 예컨대 먹고 싶은 대로 먹으면 그 순간은 달콤할지 모르지만 갈수록 더 달콤한 맛을 계속 찾게 되고, 심하면 건강을 해칠 정도로 탐닉하게 되어 달콤함이 오히려 고통이 되지요. 그래서 에피쿠로스는 이렇게 말합니다. "어떠한 쾌락도 그 자체로 나쁘지는 않다. 하지만 많은 경우에, 쾌락들을 가져다주는 수단이, 쾌락보다는 고통을 가져다준다."(「중요한 가르침」 8)

그래서 에피쿠로스는 다른 욕망을 제시합니다. 그것은 우리가 살아가는 데 반드시 필요한 것들을 필요한 만큼만 원하는 욕망입니다. 몸을 따뜻하게 할 옷이나 잠자리, 배고픔과 목마름을 충족하기 위한 약간의 빵과 물같이 살아가는 데 꼭 필요한 것을 원하는 것이지요.

에피쿠로스는 이런 욕망을 '자연적이고 필연적인 욕망'이라고 부릅니다. 이 욕망은 필요한 만큼만 충족하면 쾌락이 뒤따라오지요. 그리고 사치품이나 거창한 대의명분보다 훨씬 얻기도 쉽습니다. 그래서 에피쿠로스는 다음과 같이 말합니다.

결핍으로 인한 고통이 제거된다면, 단순한 음식도 우리에게 사치스러운 음식과 같이 쾌락을 준다. 또한 빵과 물은 그것을 필요로 하는 사람(배고픈 사람)에게 가장 큰 쾌락을 제공한다. 그러므로 사치스럽지 않고 단순한 음식에 길들여지는 것은 우리에게 완전한 건강을 주며, 우리가 생활하면서 꼭 필요한 것들에 주저하지 않게 해 준다. 그리고 나중에 우리가 사치스러운 것들과 마주쳤을 때 우리를 강하게 만든다.

　　　　　　　　　　　　　　　　—「메노이케우스에게 보내는 편지」

결국 쾌락은 꼭 필요한 것만을 원해서 '고통으로부터 해방'되는 것이고, 아울러 '마음이 동요되지 않고 평안한 상태'가 되는 것입니다. '현자賢者'라면 바로 이런 상태에 있는 사람을 뜻합니다. "현자는 단순히 긴 삶이 아니라, 가장 즐거운 삶을 원한다. 그래서 그는 가장 긴 시간이 아니라 가장 즐거운 시간을 향유하려고 노력한다."(「메노이케우스에게 보내는 편지」)

그런데 에피쿠로스는 흥미롭게도 '자연적이고 필연적인 욕망들'로

옷, 잠자리, 빵, 물 같은 물질적인 것만을 말하지 않습니다. 이 밖에도 '행복을 위해 필요한 것들'을 덧붙입니다. '행복을 위해 필요한 것들'이란 무엇일까요? 우선 방금 앞에서 이야기한 '철학'이 여기에 해당합니다. 우리가 이미 보았듯이 철학은 아타락시아를 안겨 주었지요. 그런데 다른 또 하나가 있습니다. 그것은 바로 '우정'입니다.

우정, 반(反)정치적인 정치

에피쿠로스는 열여덟 살에 군대에 갑니다. 알렉산드로스 대왕이 죽고, 아시아 원정이 끝난 때입니다. 아이러니하게도 대원정이 끝나자, 에피쿠로스는 군인이 됩니다. 그런데 이때 에피쿠로스에게 중대한 일이 생깁니다. 18년 동안 살았던 사모스 섬의 원주민들이 아테네인들을 섬에서 쫓아낸 것입니다. 원주민들이 알렉산드로스 대왕이 갑작스럽게 죽자, 혼란스러운 틈을 이용해서 자신의 땅을 되찾은 것이죠. 에피쿠로스 입장에선 군대에서 돌아와 보니 집이 사라진 것입니다. 청년 에피쿠로스는 원주민을 지배하던 신분에서 졸지에 가난한 망명객이 되고 말지요.

집을 잃고 떠돌던 에피쿠로스는 서른다섯 살에 마침내 자신의 조국인 아테네로 갑니다. 그곳의 한 정원에서 기원전 306년부터 기원전 270년까지 철학 공동체를 만들어 살았습니다. 훗날 에피쿠로스는 바로 이 '우정의 정원'에서 생활한 것으로 유명해집니다. 자기 집 정원에서 공동체 활동을 했다고 해서 '정원학파'라고 불리기도 했지

EPICUREANISM

요. 여자와 노예, 그리고 창녀도 이 공동체에 들어와 생활했다고 합니다. 에피쿠로스는 이들과 함께 철학을 평생 공부하고, 토론하고, 가르칩니다. 말하자면 우정의 정원은 친구들과 만든 '공부 공동체'였습니다.

에피쿠로스는 철학만큼이나 이 공동체를 아주 소중하게 여겼습니다. 아니, 철학을 위해서 이 공동체는 반드시 필요했습니다. 고통에서 해방(이것이 철학을 하는 이유였습니다)되기 위해서 자기 자신과 이 공동체에만 의지해야 한다고도 말합니다. 나중에 그는 병에 걸려 심한 아픔을 겪다 일흔둘에 죽습니다. 그런데도 그의 유언을 보면 '철학 공부하는 친구들'을 걱정하고, 그들이 계속 공부하며 살 수 있도록 하라는 내용이 거의 대부분을 차지할 정도입니다. "친구들이 정원에서 철학을 탐구하면서 살 수 있도록 해라. 또한 앞으로 나를 따라 철학할 사람들에게 이 정원에서 살 권리를 주라."(『유명한 철학자들의 생애와 사상』)

하지만 '쾌락주의자'라고 알려진 이가 철학 공동체를 만든다? 우리들의 통념으로는 쉽게 이해되지 않습니다. 물론 나를 이해하고 돌봐 줄 사람들이 뒤에 있다면 마음이 든든할 것 같긴 해요. 그래서 사람들이 교회나 절에 다니고, 동창회와 상조회 같은 모임을 분주히 찾는 것인지도 모르겠습니다. 에피쿠로스도 과연 그런 것일까요? 하지만 에피쿠로스가 공동체를 중요하게 여긴 이유는 꼭 그것만이 아닙니다. 에피쿠로스의 우정에는 놀라운 반전이 숨어 있지요.

에피쿠로스의 유년기와 청년기(7~18세)는 알렉산드로스 대왕이 아시아를 원정하던 때와 겹칩니다. 서구의 고대 세계는 이 원정 이전과 이후로 완전히 변했다고 할 수 있습니다. 우리는 이 시대를 '헬레니즘'이라고 부르지요. 원정과 함께 그리스 정신과 문화가 동방에까지 뻗어 나가 확장과 융합이 이뤄지던 시대라고 할 수 있어요.

그러나 아이러니한 일이 발생합니다. 이즈음에 아테네의 상징인 도시국가가 몰락하기 시작한 것입니다. 아시아 원정으로 '통합 정책'이 보편적으로 펼쳐지자 그리스인이 세계에서 가장 훌륭하다는 자만심이 서서히 무너지기 시작합니다. 페르시아, 이집트, 심지어 인도까지 뻗어 나간 제국이 역설적으로 그리스 본토를 아주 작은 것으로 만들어 버린 셈이죠. 알렉산드로스 대왕이 죽자, 아테네도 죽어 간 꼴입니다. 그러자 정치는 더욱 소란스러워집니다. 명예와 야망으로 똘똘 뭉친 자들이 쏟아져 나와 세상을 구원하겠노라고 큰소리치고 다닌 것입니다. 이런 모습은 예나 지금이나 똑같은 모양입니다.

이들에 대한 에피쿠로스의 조롱이 걸작입니다. 정치가들은 본성대로 계속 쉬지 말고 정치 생활에 몰두해야 한다는 겁니다. 정치가들이란 아무것도 하지 않으면 자신들이 욕망하는 걸 얻지 못할 거고, 그러면 사회가 더 혼란스러워지고, 더 불행해질 것이기 때문이랍니다. 한마디로 고요히 지내려는 우리를 위해서라도 정치가들이 소란스러운 그 생활을 떠맡아 줘야 한다는 것이지요. 정치의 세계는 경쟁과 질시로 가득하여 매 순간 거짓과 다툼으로 소란스러운 곳입니다. 정

치가란 이 소란스러움을 맡아야 하는 고역스러운 자리쯤으로 전락하고 말지요. 마음의 평화를 얻고자 하는 우리는 권력자가 소란스러움을 떠맡는 틈을 타, 그 소란스러움에서 하루빨리 빠져나와야 합니다.

이렇게 되면 우리와 권력자의 위치가 역전됩니다. 이제 정치에서 벗어나는 것이 권력자들에게는 정말 곤혹스러운 것이 됩니다. 우리는 여가를, 그들은 소란스러움을 소유합니다. 그래서 당대의 정치가들이 에피쿠로스의 공동체를 대단히 싫어했다고 하네요. 결과적으로 그것은 소란스러운 정치에 대항하는 반(反)정치적인 운동이라고도 할 수 있습니다.

하지만 그것은 아무나 혼자서 달성할 수 있는 것이 아닙니다. 에피쿠로스는 뜻이 맞는 사람들과 함께 정치적 소란으로부터 떨어져 나와 자신들만의 안전지대를 만들어야 한다고 생각했습니다. 앞에서 말한 '우정의 정원'이란 바로 이런 안전지대를 말합니다. 그런 의미에서 '우정의 정원'은 반정치적인 공동체였습니다. 정치의 소란스러움이나 위험으로부터 벗어나서 우리가 만들고, 우리가 움직이는, 우리의 공동체라고 할 수 있습니다.

이 공동체는 기존 질서를 지키려는 보수주의자들에게는 반감과 분노를 샀습니다. 그도 그럴 것이 그의 공동체에는 여성들(테미스타와 창녀 레온티온)과 노예(뮈스)도 참여하여 철학 토론을 하였습니다. 공동체 안에서는 노예와 자유인의 대립이 그리 중요하지 않았습니다. 철학을 하는 삶 자체를 위해 통념과 위계로 가득한 세상을 떠나는

것, 바로 그것이 그들에게는 '정치'였습니다. 정치가 삶의 자유를 획득하는 행위라고 한다면, 에피쿠로스의 우정도 자신들의 자유를 획득하기 위해 기존의 소란스러운 정치에 대항하는 새로운 정치라고 할 수 있습니다. 이런 의미에서 그들은 정치를 떠남으로써 오히려 더 강력한 정치를 실천한 사람들이 됩니다. 정말 아이러니합니다. 정치를 떠나자 더 강한 정치가 된 것이니까요. 그래서 에피쿠로스의 우정이 기막힌 반전인 거지요.

따라서 에피쿠로스에게 우정은 기존 통념과 위계를 벗어나 새로운 공동체를 이루는 것입니다. 삶의 자유를 위해 새로운 공동체를 구성해야만 아타락시아는 가능합니다. 여기서 우정은 기존의 정치를 넘어서서 자신들만의 새로운 공동체를 만드는 것으로 출현합니다. 그 의미에서 우정은 '정치를 넘어선 정치'라고 해도 될 듯합니다. 기존의 정치를 넘어서서 새로운 정치를 하고자 하는 것이니까요.

우정의 유용성과 바람직함이란?

우정은 유용하다?

그런데 여기에 이르자 한 가지 의문이 듭니다. 에피쿠로스가 말하는 우정이 대체 어떤 우정이기에 아타락시아를 만들어 내는 걸까요? 앞에서 말했듯이 에피쿠로스가 썼다는 300편이 넘는 작품 중 우리에게 남겨진 글은 몇 편 없습니다. 에피쿠로스를 비판하는 후대 철학자들의 책에서 거꾸로 그의 철학을 더 잘 알게 되는 경우도 있습니다. 몇 편 안 되는 글이어서인지 에피쿠로스의 문장들은 아내의 알반지처럼 귀하게 빛나지요.

이 글들 중에 우정에 대한 귀중한 구절도 숨어 있습니다. 물론 에피쿠로스의 우정이 그리 쉬운 문제는 아닙니다.

"영원히, 혹은 오랫동안 지속되는 무서움이란 없다."고 용기를
준 판단은, 제한된 조건에서는 우정을 통해 안전이 가장 잘 확보
됨을 깨닫는다.   ―「중요한 가르침」 28

항상 청하는 사람은 친구가 아니며, 도움을 우정과 결부시키지
않는 사람도 친구가 아니다. 왜냐하면, 전자는 호의의 대가로 보
상을 취하며, 후자는 미래의 희망을 파괴하기 때문이다.
                                      ―「단장(바티칸의 금언들)」 34

　세상살이가 쉽다고 생각하는 사람은 드물 거예요. 불행하다고 생각
하는 사람은 불행하기 때문에, 불행하지 않다고 생각하는 사람은 앞
으로 닥칠지 모르는 불행 때문에 무언가라도 대비해 놔야 할 것 같습
니다. 솜병아리같이 약한 생을 생각하면 이런 두려움은 당연합니다.
　에피쿠로스는 이런 무서움에서 벗어나기 위해서 우정이 꼭 필요하
다고 말합니다. '우정의 보호'만큼 우리를 악으로부터 안전하게 해 주
는 것은 없다고까지 단언하지요. 에피쿠로스는 어떤 어려움이든 우
정의 보호가 있다면 영원히 지속될 수 없다고 생각했습니다. 아마도
힘들 때 도움을 청할 사람이 옆에 있다면 분명 없는 것보다는 안전할
것입니다. 쉽게 수긍이 갑니다. 친구란 불행이 찾아올 때 마땅히 도
움을 줄 수 있는 사람이어야 할 것입니다. 만일 내게 불행이 찾아왔
는데도 고개를 절레절레 흔들며 도움을 거절하거나, 내 부탁을 본체

만체한다면 당연히 친구일 리가 없습니다.

그런데 에피쿠로스는 항상 도움을 청하는 사람은 친구가 아니라고 덧붙입니다. 물론 친구는 도움을 청하는 친구의 눈빛을 저버려서는 안 됩니다. 그러나 그렇다고 어느 상황이든 항상 도움을 청하는 사람은 친구가 아닙니다. 만일 항상 도움만 청하고 매번 그 요청을 들어줘야 한다면, 이런 대가가 있어야만 친구가 된다는 말이니까요. 그렇게 되면 서비스 계약에 따라 도움을 요청할 때 매번 들어줘야 하는 보험 회사의 고객과 다르지 않을 것 같습니다. 보험 회사 광고를 보면 마치 친구인 듯 다가가잖아요. 하지만 이런 관계를 친구라고 여기진 않습니다.

그래서 에피쿠로스는 좀 다르게 이야기합니다. 서로 도움을 줄 수 있는 사람이지만, 그렇다고 시도 때도 없이 도움을 청하지는 않는 사람, 바로 그런 사람이 친구가 될 자격이 있다고요. 물론 친구는 도움을 줄 수 있는 사람이어야 합니다. 그래야 미래에 불행이 찾아오더라도 친구가 자신을 도와줄 수 있으리란 희망을 갖게 되니까요. 그런 희망이 있어야 친구가 될 수 있습니다. 그렇지만 항상 도움을 청해서는 안 됩니다. 친구란 정말 절실한 상황이 아니라면 시도 때도 없이 도움을 청하지 않습니다. 그렇게 되면 앞에서 말했듯 서비스 관계나 다름없기 때문이죠.

그러고 보면 우정이란 참 묘하다는 생각이 듭니다. 분명 도움이 필요하니까, 미래의 도움을 기대하며 친구를 사귀었습니다. 즉 우정은

유용성으로부터 탄생합니다. 그런데 정작 필요할 때가 되도 쉽게 도움을 청해서는 안 됩니다. 유용할 줄 알고 사귀었는데, 정작 필요할 때는 유용하지 않을 수 있습니다. 유용해야 친구가 될 수 있지만, 언제나 유용하기만을 바라지는 말아야 하는 그런 관계입니다. 정말 곤혹스럽군요. 아니, 그렇다면 친구가 과연 무슨 필요란 말입니까?

'친구들이 도와줄 것이다.'란 믿음이 돕는다

이쯤 되자 에피쿠로스가 우리 앞에서 횡설수설하고 있는 것은 아닌가 하는 의심마저 듭니다. 우정은 유용하지만 실제로는 유용하지 않을 수 있다니요. 억장 무너지는 소리를 들었는지 에피쿠로스가 다음 말을 넌지시 건넵니다.

> 친구들의 도움이 우리를 돕는 것이 아니라, '친구들이 도와줄 것이다.'는 믿음이 우리를 돕는다.　　—「단장(바티칸의 금언들)」34

우리는 친구를 사이에 두고, 유용성과 무용성의 경계에 있게 됩니다. 다시 말하면 친구는 유용하지만 항상 유용하지만은 않은 사람입니다. 그럼 친구들은 왜 사귀는 걸까요? 에피쿠로스는 친구들이 현실적으로 직접 도움을 준다고 우리를 고통에서 벗어나게 하는 것이 아니라고 합니다. 실제로 그럴 수도 없습니다. 에피쿠로스는 다른 차원으로 돌파합니다. '친구들이 도와줄 것이다.'라는 믿음이 우리를 도와

준다고 말입니다.

내가 다리가 부러져 움직일 수 없을 때, 친구가 자기 다리를 분질러 대신 아파 줄 순 없습니다. 그러나 다리가 부러져 움직이지 못하는 나를, 친구들이 도와줄 거라고 굳건히 믿기에 두려워하지 않고 학교에 갈 수 있습니다. 분명히 어려움을 혼자서 이겨 내지만, '친구들이 도와줄 것이다.'라는 믿음이 있기에 그 어려움이 고통으로만 다가오지는 않습니다. 바로 이 믿음이 고통을 줄입니다. 어쩌면 믿었던 도움이 현실에서 영원히 이루어지지 않을지도 모르죠. 심지어 상상했던 그런 도움이 원래부터 없었는지도 모릅니다. 이제 우정은 도움이라는 현실적인 이익 없이 친구에 대한 믿음만 있게 된 형국입니다.

결국 우정은 실제적으로 도움을 주고받는 관계라기보다, 어려움 앞에서 같이 있어 주는 것으로 드러납니다. 우정이 난관을 대신 돌파해 주는 것이 아닙니다. 우정은 같이 있어 주는 것입니다. 실질적인 도움을 주지 않더라도 말입니다. 이렇게 되면 이득이 있고 없고가 중요한 문제가 아닙니다. 비록 처음에는 이득이 있었기 때문에 우정이 시작되기는 했지만 말입니다. 마침내 에피쿠로스는 이렇게 말합니다.

모든 우정은 그 자체로 바람직하다. 비록 그것이 이득으로부터
시작하기는 하지만…….　　　　　　　　　—「단장(바티칸의 금언들)」 23

일생 동안의 축복(복락)을 만들기 위해서 지혜가 필요로 하는 것
들 중에서 가장 위대한 것은 우정의 소유이다.

—「중요한 가르침」 27

이제 에피쿠로스는 우정이 그 자체로 바람직하다고 말합니다. 실
질적으로 도움을 주고받을 수 있는지 여부는 그리 중요하지 않습니
다. 이제는 우정 그 자체, 그러니까 '우리는 친구다.'라는 그 형식, 그
리고 그 덕분에 생성되는 '우리는 친구니까, 서로 도와주게 될 것'이
라는 믿음이 축복(복락)을 가져다줍니다. 결국 구체적인 유용성, 이를
테면 저 친구는 수학을 잘하니까, 이 친구는 힘이 강하니까와 같은
이유들을 떠올려 미래에 유용할 것이라고 생각하면서 친구를 사귀는
지 모르지만, 정작 도움을 주는 것은 그런 것이 아닙니다. 그저 같이
있어 주는 것, 어떤 난관에도 도망가지 않고 같이 있어 줄 것이고, 또
무언가라도 도움을 줄 것이라는 믿음이 나를 도와줍니다.

따라서 바람직하게 이루어진 우정은 그 자체로 유용하기도 합니
다. 우정은 그 자체만으로 복락입니다. 여기서 복락은 앞에서 말했던
아타락시아와 다르지 않습니다. 그것은 거듭 도래하는 온갖 고통에
대항해서 우리가 보호받고, 또한 그럼으로써 그 고통으로부터 자유
로워진다는 의미에서 복락입니다. 미셸 푸코의 표현에 따르면 결국
우정은 '고통으로부터 자유롭다는 확신을 주는 것'입니다. 이제 친구
는 있는 것만으로도 행복한 것이 됩니다.

에피쿠로스가 우정이 철학과 함께, '행복을 위해 필요한 것들'이라고 했던 말 기억나나요? 결국 복락을 위한 지혜(철학)는 우정을 통해야 가능합니다. 지혜는 친구들로 둘러싸여야 생깁니다. 우정을 소유한 자만이 복락에 이르는 지혜를 가질 수 있는 것이죠. 직접적인 도움을 서로 주고받을 수 있어서 우정이 복된 것이 아닙니다. 우정이 있는 것만으로도 자기 자신을 돕기 때문에 복된 것이죠. 고통으로부터 자유로워지려면 친구와 함께해야 합니다. 물론 처음에는 유용성으로부터 출발합니다. 그러나 이 유용성이 아타락시아로 작용하는 것은 상대방이 물질적으로 도움을 줘서가 아니라, 도울 것이라는 믿음이 서로 작용하기 때문입니다. 비로소 우정은 자기 자신의 영혼을 돌보기 위해서 절대적으로 필요한 것으로 출현합니다. 아타락시아를 향해 가는 여행에서 철학과 우정은 반드시 서로 같이 있어야 할 친구들인 셈입니다.

우정, 모험을 한다, 춤을 춘다

우리는 서로의 아타락시아를 위해서 친구가 되어야 합니다. 그러나 친구가 되는 것이 그리 쉬운 일은 아닙니다. 아마도 서로의 마음을 알고 이해하는 것이 어려워서일지 모르겠습니다. 학년이 올라갈수록 등하교 길에 친구들과 나누는 이야기도 적어집니다. 서로에게 다가갈 시간도 마땅하지 않습니다. 어제도, 오늘도, 내일도 그저 그런 관계로 살아가게 됩니다. 상황이 더 나빠지기도 합니다. 뭐든지 잘해서 주변 칭찬을 독차지하는 친구가 좀 못마땅하기도 하고, 내 마음을 친구가 몰라줘서 섭섭하기도 하지요. 그러다 보면 서로의 마음에 상처를 주기도 하고, 때로는 작은 오해로 멀어지기도 합니다. 저 멀리서 보면 어느 순간 우리가 평행선을 달리는 경주마 같아 보일 수도 있습니다.

이와 다르게 사는 방법은 없을까요? 아니나 다를까, 에피쿠로스도 이런 문제를 수도 없이 고민했나 봅니다. 그는 이 고민을 뜻밖에도 '원자론'으로 풀어냅니다. 에피쿠로스는 '원자론'을 사유했던 최초의 사상가들 중 한 사람이었지요. 그는 원자의 운동을 다음과 같이 설명합니다.

원자들은 영원히 운동한다. 원자들 중 어떤 것은 아래로 곧장 떨어지고 어떤 것들은 비스듬히 떨어지고 다른 것들은 충돌해서 위로 튕긴다. 그리고 튕겨 나가는 것들 중 어떤 것들은 서로 멀리 떨어지게 되는 반면, 어떤 것들은 다른 원자들과 엉키거나 주위를 둘러싼 원자들에 갇혀서, 한곳에 정지해서 진동한다. 왜냐하면 각 원자들은 허공에 의해 다른 원자들과 구분되며, 허공은 원자의 운동을 방해할 수 없기 때문이다. 반면 원자들의 단단함은 충돌 후에 원자들이, 얽어매는 원자들에 의해 붙잡힐 때까지, 멀리 튕겨 나가게 한다. 이러한 운동은 출발점을 가지지 않는다. 왜냐하면 원자와 허공이 그 운동의 원인이기 때문이다.

—「헤로도토스에게 보내는 편지」

비 내리는 모습을 상상해 보세요. 그리고 물방울 하나하나를 원자들이라고 생각해 보세요. 에피쿠로스가 상상하는 세계는 저 비와도 같습니다. 물방울은 아래로 곧장 떨어지겠지요. 처음엔 물방울들이

서로 평행으로 달리고 있었을 겁니다. 그런데 개중에 무슨 이유인지 모르지만 비스듬히 떨어지는 물방울이 생깁니다. 거기엔 아무런 이유도, 목적도 없습니다. 당연히 거창한 명분 같은 것도 없습니다. 빗방울들이 그냥 우연히 방향을 비틀 뿐입니다. 아주 살짝 비튼 물방울은 곧장 떨어지는 옆 물방울 쪽으로 궤도를 바꾸게 됩니다. 궤도를 바꾼 물방울은 그 옆을 열심히 떨어지던 다른 물방울과 충돌해서 위로 튕기지요. 그 튕긴 물방울이 다시 다른 물방울과 튕길 것이고요.

그러다 보면 물방울과 물방울은 순간적으로 튕기고 튕기면서 일대 장관을 이루게 되겠지요. 눈물처럼 와해되었다가 진흙처럼 뭉쳤다가를 반복합니다. 우리는 땅에서 이미 뭉쳐 낙하하는 물방울들을 피하거나 막기 바쁘지만, 빗속의 물방울들은 이런 장관을 연출하면서 우리에게 도달하게 됩니다. 비는 내리면서 서로 마주칩니다. 그렇게 마

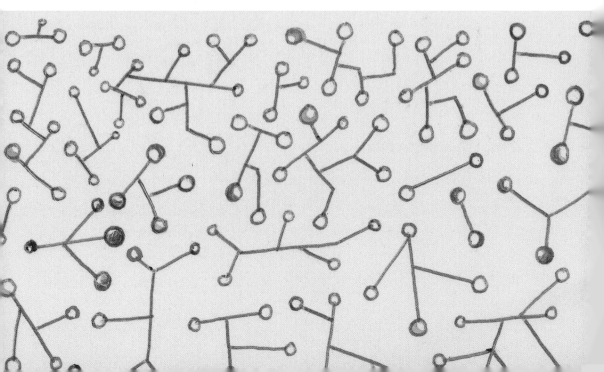

주쳤던 비들이 우리와 다시 마주칩니다. 비의 마주침은 허공을 꿰매며 다가와 우리에게 스며듭니다.

훗날 루크레티우스라는 철학자는 이런 운동을 '클리나멘clinamen'이라고 불렀습니다. 원자들이 클리나멘으로 서로 팅길 때 다른 원자들과 엉키게 되면 그 순간 어떤 새로운 물체, 즉 복합체가 된다고 합니다. 이제 그것들은 서로 뭉쳐서 고체가 되기도 하고, 액체를 형성하기도 하지요. 이렇게 해서 세계가 구성된다는군요. 에피쿠로스는 이런 세계의 수가 무한히 많다고 말합니다. 그런 의미에서 클리나멘이란 새로운 세상을 만드는 운동이라고도 할 수 있을 것 같아요. 결국 세계는 마주침의 연속입니다. 그렇다면 저 빗방울 속에도 무한히 많은 세계가 만들어지고 있겠네요.

그런데 한번 생각해 보세요. 저 빗방울들이 마치 우정과 같아 보이

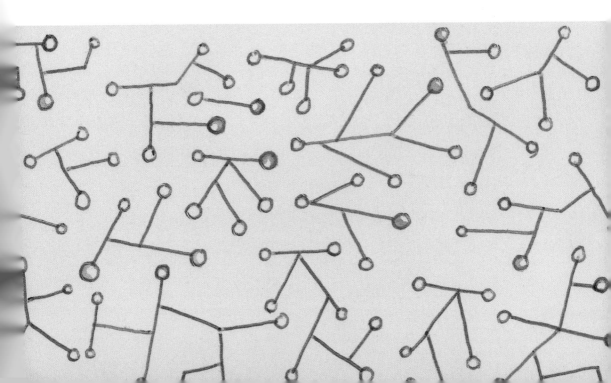

『사물의 본성에 관하여』의 시작 부분
고대 로마의 시인이자 철학자인 루크레
티우스가 쓴 철학 서사시. 에피쿠로스학
파의 사상을 전해 주는 대표적 자료다.

지 않으세요? 저는 빗방울들이 뒤엉키는 모습이 마치 우리가 친구들
과 서로 엉키는 모습과도 같아 보입니다. 잘 상상이 되지 않는다고
요? 그래서 제 이야기 하나를 들려 드릴까 해요. 저에겐 경주마와 같
은 생활을 바꾼 사건이기에 언젠가 누군가에게 꼭 들려주고 싶었습
니다.

　고등학교 시절의 일입니다. 그 시절 저는 학교와 집만 왔다 갔다
하는 그저 평범한 학생이었어요. 그다지 공부도 못했으면서 삶은 그

렇게 단조로웠습니다. 앞에서 말한 대로 친구들과는 이래저래 못마땅하거나 섭섭하기만 해서인지 도통 친해지지 못했지요.

그런데 사건이 발생합니다. 제 고향 최고 인기였던 축구 대회가 있던 봄이었습니다. 우리 시골 촌놈에겐 해방구와 같은 대회였지요. 그러나 3학년이 되자 성적을 올려야 한다는 이유로 학교에서 응원하러 가는 것을 금합니다. 실망이 이만저만 큰 게 아니었습니다. 첫 상대가 작년 마지막 경기에서 패했던 K고교여서 더욱 아쉬웠지요. 그렇다고 규범을 어기고 응원전에 갈 수는 없는 노릇입니다.

그러나 대회 당일이 되자, 뜻밖에도 친구 몇몇이 오후 수업을 거부하고 담을 넘어야 한다는 불온한 발언을 합니다. 저는 순간 두려움이 생겼습니다. 응원전에 가고 싶다고, 기껏 축구 대회 때문에 수업을 거부하는 것은 학생의 본분을 망각하는 일입니다. 모범생들을 중심으로 반대 의견이 우세합니다. 저도 그 의견에 섰습니다. 그렇게 정상적으로 하루가 갈 거라고 생각했습니다.

하지만 이상합니다. 점심시간이 가까워지자 교실에는 심상치 않은 기운이 감돌았습니다. 몇몇 친구는 선생님 눈을 피해 이미 자리를 떴습니다. 빈자리를 보자 묘한 느낌이 일었습니다. 규범을 어기고 응원전에 가는 것이 올바른 일은 아닌 것 같았지만, 이상하게도 웅크리고 앉아 풀리지 않는 수학 문제에 낑낑대고 있는 모습이 더 훌륭해 보이지도 않았습니다. 그리고 이미 떠나 버린 몇몇 친구들과 같이해야 한다는 욕망이 솟아나기도 했습니다. 더군다나 내가 모범생의 가면을

쓰고 그 알량한 규범을 지켜야 하는지도 의문이 들었습니다. 책걸상이 한심한 짐으로 보이기 시작합니다. 지금은 다르게 행동해야 한다는 느낌이 일었습니다. 공부하기 싫어서 생긴 핑계이거나, 될 대로 되라는 식의 대책 없는 충동과도 분명 달랐습니다. 지금도 그때의 의식이 또렷합니다. 이제 '위반'이 그리 무서운 일이 아니라는 묘한 용기가 저를 감쌉니다.

이런 생각과 느낌은 나만의 것이 아니었습니다. 반 전체가 이상한 기운에 휩싸였습니다. 정말 갑작스럽게 반 전체가 완전히 다른 방향으로 움직이기 시작합니다. 모두가 위험한 선택을 하고 있었습니다. 그 순간은 거창한 대의도 없고, 누구의 지시도 없습니다. 계산 없는 모험 바로 그 자체였습니다. 블랙홀에 빠져 들어가듯이 한순간에 움직입니다. 우리 모두 위험을 나눠 가지는 순간 위험은 사라지지 않았으나, 두려움은 사라졌습니다.

반 전체 인원이 창문을 넘어서고, 담을 뛰어 넘어 탈주하기 시작합니다. 규범이나 명분의 문제를 단숨에 넘어섰습니다. 애매함은 일거에 사라졌습니다. 뛰고 또 뛰었습니다. 뒤도 돌아보지 않고 뛰었습니다. 헉헉거리며 운동장 근처에 이르자, 반 전체 인원이 거의 대부분 모여 있습니다. 우리는 하나로 뭉쳐 있는 어마어마한 복합체 같았습니다. 우리가 서로 다르지 않다는 느낌이 확 다가왔습니다. 간혹 서로 시새우던 마음, 못마땅하고 섭섭했던 마음은 완전히 사라졌습니다.

아주 오랜 시간이 지나 알게 된 앙리 마티스의 「춤」이라는 그림이

「춤 II」 앙리 마티스의 1910년 작품. '춤'이라는 제목처럼 율동감과 역동감이 느껴진다. 다섯 명의 인물이 각기 다른 동작을 하고 있지만 하나로 어우러져 있다.

있는데, 저는 두고두고 그 순간이 딱 그 모습이었다고 기억합니다. 같이 모여서 춤이라도 출 것 같은 기세였지요. 저는 그때의 미소들을 잊지 않고 있습니다.

　물론 이제는 그날 경기장에 들어갔는지 못 들어갔는지 기억도 나지 않습니다. 학교 버스를 몰고 부리나케 쫓아온 선생님이 운동장에

우정은 세상을 돌며 춤춘다

서 기다리고 있다가 전부 학교로 끌고 옵니다. 돌아오는 버스 안에서도 응원가를 고래고래 불러 댔습니다. 그때 부른 응원가는 지금까지의 응원가와는 느낌이 달랐습니다. 학교나 국가를 위해서가 아니라 우리가 우리를 향해 부른 응원가였습니다. 그러고는 오후 내내 회초리로 수십 대를 맞았지요. 평생 그날만큼 맞아 본 기억은 지금까지 없습니다. 그러나 우리에게 아프다는 느낌 자체가 무의미했습니다. 오히려 선생님이 그 많은 매를 때리다가 팔이 부러지지나 않으실까 걱정이 됐습니다.

하지만 그 사건으로 우리의 우정은 새로운 우정이 됐습니다. 이제 우리만의 공동체가 생긴 느낌이었어요. 묵정밭 돼지감자 같던 삶들이 좀 달라질 것 같습니다. 똑같은 친구, 똑같은 학교인데, 이제 다른 세계, 다른 공동체로 들어선 것입니다.

앞에서 말했던 비 내리는 모습처럼, 우리는 세계가 마주침의 연속이라는 것을 알게 되었지요. 만일 우리가 원자들이라면 우정의 생성도 원자들의 마주침과도 같습니다. 원자들이 갑작스럽게 마주쳐서, 사건이 생기고 복합체를 만들듯, 우리도 서로 마주치며 우정을 만들고, 새로운 관계에 들어섭니다. 이런 의미에서 우정은 항상 새로운 우정입니다. 마치 원자들이 서로 마주쳐서, 새롭게 배치되고, 새로운 세계를 만들듯이 말이죠. 아마 에피쿠로스도 이런 모험을 통해서 친구들과 마주치고, 새로운 우정을 만들고, 아타락시아의 세계로 들어갔을 겁니다. 그러고 보면 우정은 다른 원자와 마주치는 모험을 하지

않고서는 생성되지 않는 거라고 할 수 있습니다. 우정에도 클리나멘의 모험이 필요한 것이죠.

이제야 에피쿠로스가 "우정을 위해서 모험을 해야 한다."라고 했던 이유를 알 것 같습니다. 우리는 아타락시아를 위해 철학을 합니다. 그러나 아타락시아의 철학은 지금까지의 통념적인 사회로부터 벗어나야 가능합니다. 우리가 당연시 하는 규범들, 관계들을 다시 바라봐야 합니다. 그러기 위해서 '우정의 공동체'가 필요합니다. 지금까지와는 다른 길로 걸어가야만 가능하지요. 그래서 '모험'이 필요합니다. 모험이 마주침을 생성합니다. 그 순간 새로운 우정이 솟아오릅니다. 그 우정으로 아타락시아의 철학을 얻는 겁니다.

이렇게 해서 우정과 쾌락, 그리고 모험이 뫼비우스의 띠처럼 꼬리를 물며 한자리에 모이는군요. 마치 마티스의 그 춤처럼 말입니다. 우정을 위해서 모험을 해야 합니다. 그 순간 "우정은 세상을 돌며 춤을 춥니다." 그때 새로운 세계가 펼쳐집니다. 그게 바로 새로 사는 법입니다.

◉

우정은 세상을 돌며 춤춘다.

그리고 우리 모두에게 외친다.

—일어나서, 행복한 삶을 칭송하라.

◉

울분을 넘어 역사를 기록하다

사마천 · 『사기』

김현식

어떤 죽음을 맞이할 것인가

　　　　　　　　　　　　　　　　'완벽完璧'이란 말을 들어 보았을
것입니다. 그러나 이 말이 '벽璧'이라는 귀한 옥에 얽힌 이야기에서
유래했다는 사실을 아는 사람은 많지 않습니다. 이야기는 춘추전국
시대까지 거슬러 올라갑니다. 지금이야 갖가지 보석이 사람의 눈을
사로잡지만 고대 사회에서 옥은 매우 값진 보석이었습니다. 게다가
신령한 힘이 깃들어 있다고 생각하기까지 했습니다.

　조나라 왕이 엄청나게 크고 아름다운 옥을 얻었다는 소문이 떠돌
았습니다. 어찌나 멋진 옥이었던지 이웃 진나라 왕도 이 옥을 탐낼
정도였습니다. 급기야 성 열다섯 개와 이 옥을 바꾸자는 제안을 내놓
았습니다. 당시 진나라는 강력한 무력으로 조나라를 압박하고 있던
상황이었습니다. 때문에 조나라 왕은 크게 근심할 수밖에요. 옥을 내

사마천 중국 전한 시대의 역사가이다. 『사기』의 저자로서 동양 최고의 역사가로 꼽히어 '역사의 아버지'라고 일컬어진다.

주자니 옥을 빼앗길 것이 분명하고, 그렇다고 주지 않자니 이를 빌미로 전쟁이 일어나지 않을까 걱정되었기 때문입니다.

이때 인상여라는 인물이 나섭니다. 그는 혈혈단신으로 옥을 가지고 진나라 왕을 만나러 나섭니다. 자칫하면 목숨이 위태로울 수 있는 길을 자처한 것이지요. 결국 그는 옥을 고스란히 조나라로 돌려보낸 것은 물론 자신도 무사히 돌아옵니다. 게다가 진나라 왕을 크게 골탕 먹이기까지 하지요. 이렇게 '벽'이라는 옥을 온전히 가지고 돌아온 이야기가 바로 '완벽'입니다.

이 이야기는 사마천(司馬遷, 기원전 145?~기원전 86?)의 『사기史記』라는 책에 실려 있습니다. 사마천은 이 이야기를 통해 인상여의 기개

를 소개하며 아래와 같은 평을 덧붙입니다.

> 죽음을 알면 반드시 용감할 수 있다. 죽는 것이 어려운 게 아니라 죽음을 대하는 것이 어렵다. 인상여가 벽을 돌려받고 깨뜨리겠다며 기둥을 노려볼 때나, 진나라 왕의 신하를 꾸짖을 때, 기껏해야 죽임당할 상황에 불과했다. 그러나 선비 가운데 어떤 이들은 겁을 집어먹고 인상여와 같은 기개를 내놓지 못한다. (…) 결국 그 이름이 태산만큼 무거워졌으니 인상여는 지혜와 용기를 모두 갖춘 사람이라고 할 만하다.　　　　　—「염파·인상여 열전」

『사기史記』의 말뜻을 풀이하면 '역사(史) 기록(記)'이라고 할 수 있습니다. 한마디로 역사책인 것이지요. 그런데 우리가 보통 역사책에서 만나는 인물들은 저마다 공과功過(공로와 과실)를 가지고 있습니다. 그러나 사마천은 여기서 인상여의 공과에 대해 말하지 않습니다. 물론 우리는 '완벽'이라는 말을 통해 옥을 고스란히 보존한 그의 업적을 기억합니다. 하지만 사마천이 주목하는 것은 삶의 태도입니다. 죽을지도 모르는 위기에도 당당히 기개를 펼친 그의 태도를 높이 삽니다.

"죽는 것이 어려운 게 아니라 죽음을 대하는 것이 어렵다."라는 말은 사마천에게 절절한 자기 고백이기도 했습니다. 그 역시 죽음을 코앞에 둔 경험을 했던 인물이었습니다. 인상여와 다른 점이라면 어처

구니없는 사건에 휩쓸려 죽을 뻔했다는 것이겠지요. 바로 '이릉의 화
禍'라 불리는 사건입니다.

이릉은 한漢나라 장수로 흉노 정벌에 나선 인물이었습니다. 꽤나
훌륭한 장수였지만 그도 흉노의 강력한 군대를 꺾지는 못했습니다.
결국 전쟁에서 패하고 포로가 되었습니다. 이 소식이 조정에 전해지
자 황제는 크게 노여워하며 그 일족을 몰살하라 명령합니다. 이때 사
마천은 홀로 나서서 이릉을 변호합니다. 이전에 쌓았던 이릉의 공적
이 적지 않을 뿐만 아니라, 포로가 되었다고 일족을 멸하는 것은 부
당하다는 생각이었습니다. 실제로 황제를 비롯한 조정의 신하들은
바로 얼마 전까지 이릉의 공적을 전해 듣고는 크게 칭송하기도 했습
니다. 게다가 흉노와의 싸움에서 패하는 일도 적지 않았고, 포로가
되는 장수도 종종 있었습니다. 그러니 사마천의 변호도 일리 있는 말
이었습니다.

그러나 주변 신하들은 혀를 끌끌 차며 눈치 없는 사마천을 비웃었
습니다. 도무지 나설 상황이 아니었기 때문이지요. 결국 사마천은 옥
에 갇혀 황제를 기만했다는 이유로 갖은 고초를 당합니다. 훗날 사마
천이 한 친구에게 보낸 편지는 그의 상황을 잘 보여 줍니다.

저는 이릉과 함께 일한 적은 있지만 평소 친하게 지내는 사이는
아니었습니다. 서로 가는 길이 달라 술을 마신 적도, 친밀한 교
제를 나눈 적도 없습니다. (…) 그러나 제 생각을 다 이야기하기

도 전에 황제께서는 제가 이사 장군을 비방하고 이릉을 변호한
다고 생각하여 저를 옥리에게 넘겨 버렸습니다. 저의 충정에도
불구하고 황제를 속였다는 죄로 재판을 받게 되었습니다. 집이
가난해 형벌을 피할 돈을 마련할 수도 없었고 도와주는 사람도
없었습니다. 게다가 황제 주위의 사람들은 저를 위해 한마디 말
도 해 주지 않았습니다.   ─「보임소경서」

　사마천은 요참腰斬, 즉 허리를 베는 형벌을 선고받습니다. 그러나
다행히 당시 한나라에는 돈을 내면 죄를 사면해 주는 제도가 있었습
니다. 그런데 사형을 면하려면 50만 전이라는 큰돈이 필요했습니다.
사마천에게는 그렇게 큰돈이 없을 뿐만 아니라 선뜻 그만한 돈을 꿔
주는 사람도 없었습니다. 결국 사마천은 다른 방법을 택합니다. 바로
궁형宮刑을 받는 것이었습니다. 궁형이란 생식기를 잘리는 것으로 매
우 치욕스러운 형벌이었습니다.
　사마천은 죽음의 기로에서 삶을 선택합니다. 그러나 그것은 어떻
게 보면 죽는 것만도 못한 일이었습니다. 목숨을 구걸했다는 손가락
질에서 자유롭지 못할 것은 물론, 생식기를 잘려 몸을 훼손했다는 것
은 커다란 불효였기 때문입니다. 그 스스로도 궁형을 받아 세상의 웃
음거리가 되었다고 고백합니다. 이런데도 불구하고 사마천이 치욕스
러운 형벌을 자처한 것은 어째서일까요. 죽음이 두려워서? 아니면 그
렇게 죽는 게 억울해서? 사마천의 말은 이렇습니다.

만약 사형을 당했다면 아홉 마리 소 가운데 터럭 하나 빠지는 정도에 불과했을 것입니다. 만약 그렇다면 땅강아지나 개미와 같이 보잘것없었겠지요. 더군다나 세상 사람들은 절개를 지키다 죽었다고 생각하지도 않았을 것이고, 어리석게 큰 죄를 지어 죽었다고 생각할 것입니다. 사람은 모두 죽습니다. 그러나 어떤 죽음은 태산보다 무겁고 어떤 죽음은 터럭만큼 가볍습니다. 그것은 어떻게 죽음을 대하느냐에 따라 달라집니다.   ―「보임소경서」

정말 그렇습니다. 누구나 죽음을 피할 수는 없습니다. 그런 면에서 죽음 앞에 인간은 모두 평등합니다. 그러나 모든 죽음이 똑같은 무게를 지니는 것은 아닙니다. 사마천의 말처럼 어떤 죽음은 태산보다 무겁고 이떤 죽음은 깃딜처럼 가볍습니다. 앞서 사마천은 인상여를 두고 태산보다 무거운 명성을 얻었다고 평가했습니다. 그것은 죽음을 무릅쓴 기개 때문이었습니다.

죽음을 앞둔 사마천에게 '어떻게 죽느냐'는 문제가 던져집니다. 똑같은 죽음이라도 어떻게 대하느냐에 따라 그 무게가 다르다고 말합니다. 사마천은 태산보다 무거운 죽음을 맞이하고 싶었습니다. 따라서 궁형을 선택한 것은 죽음을 피하기 위한 발버둥이었다기보다는, 다르게 죽음을 맞이하는 방법이었습니다. 물론 자살이 아닌 이상에야 죽음을 선택할 방법은 없습니다. 왜냐하면 죽음이란 언제 어떻게 찾아올지 모르기 때문입니다. 그러나 적어도 어떻게 죽음을 대할지

는 결정할 수 있습니다. 다르게 말하면 죽음을 맞이할 때까지 어떻게 사느냐 하는 문제가 던져지는 것입니다.

이릉의 화를 겪은 사마천은 훗날 『사기』의 「태사공자서」라는 글에서 이렇게 이 사건을 회고합니다. 여기서 태사공이란 사마천의 관직 이름으로, 바로 자신을 가리킵니다.

태사공은 이릉의 화를 입고 감옥에 갇히고는 탄식하며 말했다. '이것이 내 죄인가? 이것이 내 죄인가? 몸이 망가져 쓸모없게 되었구나.' 물러나 깊이 생각한 끝에 이렇게 말했다. '옛날 서백은 유리에 갇혀서 『주역』을 풀이했고, 공자는 진나라와 채나라 사이에 발이 묶였을 때 『춘추』를 썼다. 굴원은 임금에게 쫓겨나 「이소」를 지었고, 좌구명은 눈을 잃고 『국어』를 엮었다. 손빈은 발이 잘리고 나서 『병법』을 논했고, 여불위는 촉 땅으로 유배를 간 뒤에 『여씨춘추』를 만들었다. 한비자는 진나라 옥에 갇혀 「세난」, 「고분」 두 편의 글을 남겼다. 『시』 300편은 대체로 성인이 발분하여 지은 것이다. 이 사람들은 모두 마음에 울분이 맺혀 있으나 그것을 떨쳐 낼 수 없었다. 그러므로 지나간 일을 기록하여 앞으로의 일을 생각하였다.   ─「태사공자서」

죽음을 마주한 경험은 사마천에게 다른 길을 선물해 주었습니다. 그는 이 경험 위에서 옛 사람들을 만납니다. 사마천이 볼 때 위대한

굴원과 서백 굴원(왼쪽)은 중국 전국시대 초나라의 시인이자 정치가로, 능력이 뛰어났으나 다른 이의 모함을 받아 왕의 신임을 잃었다. 서백(오른쪽)은 주나라의 기초를 닦은 문왕의 다른 이름으로, 이상적 군주라고 칭송받았다.

저술을 남겼던 이들은 모두 어떤 고통스러운 상황에 직면했다는 공통점이 있습니다. 공자가, 굴원이, 좌구명이 그랬듯 자신도 이제 무엇을 써야 했습니다. '이것이 내 죄인가?'라는 질문에 담긴 억울함은 어떤 글이 되어야 했습니다. 마치 『춘추』나 『시』처럼 어떤 말이지요. 사마천은 붓을 들기 위해 궁형을 택했고, 그가 남긴 위대한 저작은 오늘까지 큰 울림을 전해 줍니다. 중국의 가장 위대한 역사책! 『사기』가 바로 이것입니다.

하늘과 사람의 일을 살펴보고,
옛일과 오늘 일을 말하노라

모두 130편이니 하늘과 사람 사이를 살펴보고, 예와 오늘의 변화
를 꿰뚫어, 일가一家의 학설을 세우고자 하였습니다.

—「보임소경서」

『사기』는 총 130편 52만여 자에 이르는 매우 방대한 저작입니다.
이것이 어느 정도인지 궁금하다면 서점이나 도서관에서 완역본을 찾
아보길 바랍니다. 최근에 나온 완역본은 해설 없이 번역문만 약 3천
여 쪽이나 됩니다. 그러니 이런 엄청난 분량의 책을 과연 사마천 혼
자서 썼는지 의심되는 것도 사실입니다. 게다가 사마천의 시대는 죽
간이라 불리는 나뭇조각에 글을 써서 책으로 엮는 시대였습니다. 이
렇게 방대한 분량의 책을 쓰는 수고는 우리의 상상을 훨씬 뛰어넘는

죽간 중국 북서부 간쑤 성의 오아시스 도시
둔황에서 발굴된 한나라 시대 죽간들이다.

고단한 작업이었을 것입니다.

사마천이 이토록 방대한 저작을 완성할 수 있었던 데는 아버지의 도움이 큽니다. 아버지 사마담은 사마천을 어려서부터 철저히 교육했습니다. 열 살 정도에 고문古文을 외기 시작한 사마천은 스무 살 정도가 되어서는 여러 곳으로 여행을 떠납니다. 고대의 인물이 활동했던 지역을 직접 돌아보기 위해서였습니다. 그의 여행은 몇 년 동안이나 길게 이어집니다. 수년간의 답사를 마치고 돌아온 사마천은 '낭중'이라는 낮은 관직에 오릅니다. 다양한 곳을 유람하며 여러 문물을 경험한 탓에 황제는 그를 남쪽 지역의 사신으로 보냅니다. 그렇게 젊은 사마천은 동서남북으로 여러 곳을 누비며 폭넓은 견문을 익힙니다. 그러다 어느 날 안타까운 비보가 전해집니다. 아버지가 위독하다

는 소식이었습니다. 사마담은 화병으로 몸져누워 있었습니다.

이유인즉 황제가 거행하는 봉선 의식에 참여하지 못했다는 것이었습니다. 봉선 의식이란 천자가 천하를 대표하여 하늘에 제사를 드리는 의식입니다. 그런데 무슨 이유에서인지 황제는 사마담을 봉선 의식에서 빼 버렸습니다. 사마담은 천문을 관장하는 태사령이라는 지위에 있었는데, 하늘을 연구하는 지위에 있는 만큼 봉선 의식에 중요한 역할을 하리라 기대했습니다. 그러나 아무 기별이 없자 크게 실망한 나머지 병으로 몸져누운 것입니다.

"우리 조상은 주나라 왕실의 태사太史였다. 그러다 후세에 쇠락하였는데 이제 나에게서 끊어지려고 하는구나! 너는 나를 이어 태사령에 올라 우리 조상이 하던 일을 잇거라. 지금 천자께서는 천 년의 대통을 이어 태산에서 봉선 의식을 거행하고 계신다. 그런데도 내가 따라가지 못했으니 천명이구나! 천명이구나! 내가 죽으면 너는 반드시 태사령이 되어라. 태사령이 되거든 내가 쓰려고 했던 것을 잊지 말거라. (…) 이제 한나라가 크게 일어나 천하가 하나로 통일되었다. 현명하고 군주와 어진 임금, 충성스러운 신하와 정의를 위해 죽은 선비가 나왔다. 그런데 내가 태사령에 올라서도 이들에 대한 기록을 남기지 못했으니 천하의 역사 기록이 없어지겠구나. 나는 이것이 매우 두려우니 너는 이 점을 명심해 두거라."

사마천은 고개를 숙이고 눈물을 흘리며 말했다.

"소자가 비록 어리석으나 아버님께서 정리해 두신 옛 기록을 빠짐없이 정리하겠습니다."
—「태사공자서」

태사령은 천문, 즉 하늘의 움직임을 살펴보는 관직이었습니다. 요즘으로 치면 천문학, 다르게 말해 별의 움직임을 관찰하는 관직입니다. 그런데 그 관직과 봉선 의식은 대체 무슨 관계이며, 또 역사를 기록하는 것과는 무슨 상관이 있을까요? 이를 이해하기 위해서는 고대 사람들이 하늘을 어떻게 이해했는지를 알아야 합니다. 고대 사람들은 하늘을 이 세계의 모든 일이 나타나는 곳이라고 여겼습니다. 하늘의 움직임은 단순한 별의 움직임이 아니라 천하의 일이 상징으로 드러난 것이었습니다. 따라서 하늘을 보는 것은 사람의 일을 살핀다는 것과 같은 의미였습니다.

사마담이 생전에 많은 자료를 모아 둔 것도 이 이유 때문입니다. 하늘을 관찰한다는 것은 곧 세상일을 읽는 것이고, 그것은 다르게 말하면 역사를 연구하는 일이라고 할 수 있습니다. 게다가 이 사명은 오랜 옛날부터 대대로 가문에 이어져 온 것이었습니다. 그러나 안타깝게도 사마담은 자신이 모아 둔 역사 자료를 정리하지 못하고 눈을 감습니다. 결국 그는 아들 사마천에게 자신의 뒤를 이어 역사를 정리해 줄 것을 당부합니다.

이처럼 사마천은 아버지까지 이어진 사명에 더해, 아버지의 유언에 따라 역사를 기록해야 할 운명을 짊어지게 되었습니다. 한편 그는

자신의 시대야말로 역사를 기록해야 할 때라고 보았습니다.

> 아버지께서는 "주공이 세상을 떠나신 후 500년 뒤 공자가 계셨
> 다. 그리고 공자가 세상을 떠나신 뒤 500년이 되었다. 공자께서
> 하셨던 것처럼 경전에 숨은 뜻을 세상에 밝히는 자가 있을 것이
> 다."라고 말씀하셨다. 아버님의 뜻이 바로 여기에 있구나! 내가
> 어떻게 감히 아버님의 뜻을 거스를 수 있겠는가! ―「태사공자서」

사마천은 500년마다 문화적인 영웅들이 등장한다고 보았습니다.
주공이 그런 인물이었고 500년 뒤에 등장한 공자가 그런 인물이었습
니다. 500년이 지난 지금 그런 인물이 다시 등장해야 합니다. 과연 누
가 그런 일을 할 수 있을까? 사마천은 바로 자신이 그 일을 할 사람이
라고 보았습니다. 이처럼 사마천은 커다란 사명 의식을 가지고 있었
습니다. 태사의 직분을 이어받았다는 사명, 게다가 주공이나 공자에
버금가는 역할을 해야 할 인물이어야 한다는.

사마천의 『사기』는 일차적으로 이런 강력한 사명 의식에서 출발합
니다. 그러나 이 힘뿐이라면 『사기』는 여느 역사책처럼 밋밋한 그런
책이 되고 말았을 것입니다. 우리는 흔히 역사란 '사실의 기록'이라
고 생각합니다. 그렇기에 어떤 사실을 알기 위해 역사를 읽지 감동을
얻기 위해 역사를 읽지 않습니다. 그러나 흥미롭게도 『사기』를 읽으
면 뜨거운 열정을 발견할 수 있습니다. 대체 무엇이 있기에 그런 것

일까요?

그것은 앞서 언급했듯 사마천의 삶에 커다란 굴곡이 있었기 때문입니다. 아버지의 유언을 이어 『사기』를 저술하는 와중에 이릉의 화를 당합니다. 위의 포부를 밝힌 뒤 7년 후에 벌어진 일이었습니다. 궁형의 치욕을 겪고 그가 한 말을 기억해 봅시다. 『시』300편은 대체로 성인이 발분하여 지은 것이다. 이 사람들은 모두 마음에 울분이 맺혀 있으나 그것을 떨쳐 낼 수 없었다. 그러므로 지나간 일을 기록하여 앞으로의 일을 생각하였다."

여기서 사마천은 두 가지 마음을 이야기합니다. 하나는 발분發憤으로, 들끓어 오르는 마음을 가리킵니다. 다른 하나는 울결鬱結로, 응어리진 마음을 말합니다. 궁형을 택해야 했던 자신처럼, 사마천이 기억하는 옛 사람들은 하나같이 억울하게 화를 당한 인물이었습니다. 울결과 발분, 즉 울분은 말을 빼앗습니다.

여러분도 억울한 일을 겪은 경험이 있을 것입니다. 화나고 답답한 마음에 아무 말도 할 수 없었던 적이 있나요? 그때 그 마음을 풀어내는 길은 무엇이 있을까요? 사마천이 찾은 길은 글쓰기였습니다.

그런데 사마천은 '지나간 일을 기록'하겠다고 말합니다. 옛 사람들이 그랬던 것처럼 자신도 옛 사건을 글로 기록하면서 자신의 울분을 떨쳐 내겠다는 뜻이지요. 대체 왜 그는 자신의 억울한 사연 대신 지나간 옛일을 기록하겠다고 했을까요? 그리고 그 억울함 속에 기억한 옛사람들의 이야기란 과연 무엇을 가리키는 것일까요?

산을 뽑을 만한 기개라도

앞서 『사기』는 130편, 약 52만여 자에 이른다고 했습니다. 그러나 이렇게 방대한 기록이 한 덩어리로 되어 있는 것은 아닙니다. 『사기』는 크게 『본기』, 『표』, 『서』, 『세가』, 『열전』으로 나뉩니다. 각각 편의 숫자를 넣어 『십이 본기』, 『십 표』, 『팔 서』, 『삼십 세가』, 『칠십 열전』이라 부르기도 합니다.

여기서 『십이 본기』는 천자의 이야기를 담고 있습니다. 그래서 이 『본기』를 읽으면 고대로부터 사마천의 시대에 이르는 중국 역사의 흐름을 읽을 수 있습니다. 열두 편의 제목을 보면 이렇습니다. 오제 본기五帝本紀-하 본기夏本紀-은 본기殷本紀-주 본기周本紀-진 본기秦本紀-진시황 본기秦始皇本紀-항우 본기項羽本紀-고조 본기高祖本紀-여태후 본기呂太后本紀-효문 본기孝文本紀-효경 본기孝景本紀-효무 본기孝武本紀.

중국 고대 역사는 하夏-은殷-주周-춘추전국春秋戰國-진秦-한漢 순
서로 전개됩니다. 이를 참고하면 「오제 본기」는 하夏나라 이전, 전설
상의 다섯 제왕의 이야기를 담고 있습니다. 그런가 하면 「고조 본기」
부터는 한漢나라 시대의 황제를 열거해 놓고 있습니다. 이런 배치를
놓고 보면 특히 두 편이 흥미롭습니다. 바로 「항우 본기」와 「여태후
본기」가 그렇습니다. 먼저 여태후는 한나라를 세운 유방의 아내입니
다. 그는 유방이 세상을 떠나자 모든 권력을 손에 쥡니다. 황제가 있
었지만 허수아비나 다름없었습니다. 그래서 사마천은 힘없는 황제
대신 여태후를 한 시대를 대표하는 인물로 꼽아 황제들의 이야기 틈
에 넣어 놓았습니다.

한편 항우는 이와 조금 다릅니다. 그는 진나라가 무너진 뒤
유방과 천하를 두고 다투었던 인물입니다. 항우의 초나
라와 유방의 한나라, 이 둘의 싸움은 훗날 사람에게 큰
인상을 남겼습니다. 그래서 지금도 장기판 위에서 초와
한의 전쟁을 만나 볼 수 있답니다. 항우는 한때 초패왕
楚覇王이라 불릴 정도로 큰 위세를 자랑했습니다.
그러나 결국 천하는 유방의 손에 넘어갑니다.
결과만 따지면 항우는 패배자입니다. 게다가
그가 활약한 시기는 대략 5년 정도에 불과합
니다. 그런데도 사마천은 그를 황제들의 반열에
올려놓았습니다. 어째서 그런 것일까요? 그것은

항우에 대한 남다른 애정 때문이었습니다.

『사기』 130편 가운데 「항우 본기」는 매우 뛰어난 작품으로 꼽힙니다. 커다란 야심을 품은 한 사내가 천하를 호령하다 끝내 비운에 죽는 결말까지, 「항우 본기」를 읽으면 역사를 읽는다기보다는 마치 멋진 소설 한 편을 읽는 기분이 들 정도입니다. 그것은 사마천이 항우라는 비극적인 인물의 삶에 자신을 투영하여 매우 생동감 있게 그려내고 있기 때문입니다. 여러 유명한 부분이 많지만 '사면초가四面楚歌'라는 고사로 유명한 장면을 소개해 봅니다.

상황은 이렇습니다. 진나라가 무너지고 여러 인물들이 앞다투어 천하를 놓고 겨룹니다. 그 가운데 가장 두각을 드러낸 것은 초나라의 항우였고, 이에 맞서 한나라의 유방이 있었습니다. 처음에는 초나라가 절대적으로 우세했습니다. 오죽하면 유방이 자신의 가족을 버려두고 도망가야 했을까요. 뒤쫓아 오는 초나라 군대를 피하기 위해 함께 수레에 탔던 아들을 집어 던진 이야기는 당시 형세를 잘 보여 줍니다. 그러나 유방은 오뚝이처럼 일어서 항우를 괴롭혔고, 결국 항우를 포위하기까지 이릅니다.

해하垓下라는 곳에서 항우는 마지막 밤을 맞습니다. 이미 전세가 크게 기울어진 상황이었습니다. 그날 밤 그는 막사에서 일어나 술을 마시며 한 편의 시를 지어 부릅니다.

항우는 해하에 군대를 주둔해 놓고 있었다. 그러나 병사가 크게

준 데다 식량까지 바닥났으며 적군에 여러 겹으로 포위되었다. 항우를 포위한 한나라 병사들은 밤에 초나라 노래를 불렀다. 이 노래를 듣고 항우는 크게 놀랐다.

"한나라가 이미 초나라를 모두 점령했단 말인가? 어째서 한나라 군대에 초나라 병사들이 이토록 많단 말인가!"

항우는 밤에 일어나 막사 안에서 술을 마셨다. 그에게는 우虞라 는 이름의 미인이 있었는데 늘 함께 다녔다. 추騅라는 이름의 말 이 있었는데 늘 타고 다녔다. 항우는 슬픈 마음을 참을 수 없어 시를 지어 노래를 불렀다.

"힘은 산을 뽑고 기운은 세상을 덮을 만하도다.

그러나 때가 불리하니 추가 달릴 수 없구나.

추가 달릴 수 없으니 어떻게 해야 할까.

우여, 우여, 너는 또 어찌해야 한단 말이냐."

항우가 노래를 부르니 우 미인이 따라 불렀다. 항우가 눈물을 흘 리니 주변에 있던 장수들이 모두 울며 고개를 들지 못했다.

―「항우 본기」

'사면초가'라는 사자성어가 바로 여기서 나왔습니다. 사방이 포위 된 것처럼 매우 위태로운 순간을 가리키는 말입니다.

사방에서 들려온 초나라의 노래는 항우의 마음을 크게 흔들어 놓 았습니다. 한나라 병사들이 초나라 군대의 사기를 꺾기 위해 초나라

패왕별희 경극(중국의 대표적인 전통 연극) 「패왕별희」의 한 장면. 초한의 전쟁을 배경으로 항우와
우 미인의 이별을 그린 작품이다.

노래를 부른 것이지만 항우는 알 도리가 없었습니다. 자신의 근거지였던 초나라가 이미 한나라의 손에 넘어갔다고 판단할 수밖에요.

상황이 이러니 항우도 별수 없었습니다. 마지막 싸움을 앞두고 항우는 숱한 전쟁을 따라다녔던 '우'라는 이름의 미인과 '추'라는 이름의 명마를 빌려 시를 짓습니다. 시의 첫머리에 나오는 "힘은 산을 뽑고 기운은 세상을 덮을 만하도다."라는 표현을 원문으로 보면 '역발산기개세力拔山氣蓋世'라고 합니다. 지금도 아주 힘이 센 장사를 가리키는 말로 사용되곤 하지요. 산을 뽑을 만한 힘, 세상을 덮을 만한 기세를 가지고 있더라도 때를 만나지 못하면 소용이 없습니다. 전쟁터를 누비던 명마 추는 이제 달릴 수 없습니다. 게다가 이렇게 전쟁에서 패하고 나면 우 미인은 또 어떻게 될까요. 항우는 비통한 마음에 눈물을 흘리며 노래를 부릅니다.

한 영웅의 마지막 모습을 사마천은 이처럼 세심한 필치로 그려 냅니다. 이렇게 노래를 마치고 항우는 장수 몇을 데리고 마지막 전투를 치르러 나섭니다. 그를 따라온 우 미인은 그럼 어떻게 되었을까요? 『사기』는 아무 말도 하지 않습니다. 덕분에 후세 사람들은 이 둘의 이 애달픈 이별 장면에 여러 상상을 덧붙였습니다. 그렇게 탄생한 것 가운데 가장 유명한 것이 바로 「패왕별희霸王別姬」라는 작품입니다. 이렇게 별도의 작품까지 지었던 것을 보면 항우의 죽음에 안타까워한 이는 비단 사마천만은 아니었나 봅니다.

사마천은 「항우 본기」를 통해 한 인물의 비극적인 삶을 그려 냅니

다. 이때의 비극이란 뛰어난 능력과 큰 포부에도 불구하고 적당한 때를 만나지 못했다는 것이었습니다. 아니, 도리어 얄궂은 운명은 그를 저버립니다. 하늘의 뜻을 구체적으로 알 수는 없지만 적어도 항우의 편이 아니었습니다. 경우는 다르지만 사마천 자신도 이와 비슷하다고 할 수 있습니다. 태사라는 직분을 감당해야 하는 사명을 가지고 있음에도 불구하고 하늘은 그에게 궁형이란 치욕스러운 상처를 남겼습니다. 따라서 사면초가 위에 부르는 항우의 슬픈 노래는 다르게 보면 사마천 자신의 마음을 담은 것이라고 할 수 있습니다.

이처럼 사마천은 역사를 있는 그대로 기술하는 기록자에 그치지 않습니다. 여러 인물의 삶을 통해 자신을 드러냅니다. 그렇기 때문에 『사기』에 등장하는 대부분의 인물은 저마다 비통한 경험을 가지고 있습니다. 사마천은 이들의 억울함 속에 자신의 억울함을 함께 묻어 전합니다. 그것은 앞서 이야기했듯 역사를 쓴다는 것은, 곧 울분을 풀어내는 과정이기 때문입니다. 항우와 같은 인물에 커다란 애정을 담아 서술한 이유가 바로 여기에 있습니다.

하늘의 도는 옳은가 그른가

　　　　　　　　『사기』의 여러 부분 가운데 후세
사람들의 사랑을 가장 많이 받은 것은 바로『열전』입니다. 앞서『본
기』는 황제들의 역사를 담고 있다고 했습니다. 이어『세가』는 춘추전
국시대의 여러 제후를 소개합니다.『표』는 춘추전국시대 각 나라의
상황을 한눈에 볼 수 있게 도와주는 연표입니다.『서』는 당시의 시대
적 상황을 보여 주는 짧은 글들을 담았습니다.

　이렇게만 하더라도 훌륭한 역사책이라고 할 수 있습니다. 그러나
사마천은 여기에 만족하지 않고 무려 70편에 달하는『열전』을 짓습
니다. 여기에는『본기』나『세가』에 등장할 수 없었던 여러 인물의 이
야기를 담았습니다. 위대한 장군, 지혜로운 재상을 비롯해 자객, 점
쟁이, 장사꾼, 협객 등 여러 인물이 등장합니다.

보통 역사라고 하면 나라와 통치자가 어떻게 바뀌었는지를 말합니다. 예를 들어 신라, 고려, 조선으로 이어지는 흐름이라던가, '태정태세문단세'로 외울 수 있는 왕들의 계보가 그것입니다. 그러나 이렇게 역사를 읽으면 그 속에 살아가는 사람들의 모습에는 관심을 기울이기 힘듭니다. 사마천이 『열전』을 쓴 것은 바로 이 문제를 해결하려 했기 때문입니다. 이런 역사 기록의 방법을 '기전체紀傳體'라 부릅니다. 『본기』로 대표되는 역사의 흐름(紀)과 『열전』으로 대표되는 사람들의 이야기(傳)를 함께 기록한 형식이라는 말입니다. 만약 『본기』뿐이라면 우리가 흔히 생각하는 역사책과 큰 차이가 없을 것입니다. 그러나 『열전』을 통해 『사기』는 여느 역사책이 보여 주지 않는 풍부함을 갖게 되었습니다.

굳이 나누면 『본기』에서는 객관적인 역사가의 태도를, 『열전』에는 삶의 문제를 고민하는 문학가의 면모를 볼 수 있습니다. 물론 위에 소개한 「항우 본기」같이 특징적인 부분도 있지만 사마천은 대체로 『본기』에서는 조심스러운 태도를 취합니다. 그러나 『열전』에서는 다릅니다. 그는 『열전』에서 역사의 커다란 흐름 속에 무력할 수밖에 없었던 비운의 인물들을 소개합니다. 그러나 이들은 저마다 투철한 모습으로 삶을 살아간 이들이기도 했습니다.

『열전』은 백이와 숙제의 이야기로 시작합니다. 이 둘은 주周의 초기 인물로 『열전』에서 다루는 인물이 대부분 춘추전국시대와 한漢의 인물이라는 점을 생각하면 특별히 등장시킨 것이 분명합니다. 게다

가 백이와 숙제의 일보다는 사마천 자신의 말이 더 많습니다. 즉, 이 이야기를 빌려 자신이 하고 싶은 말을 전하는 것이지요.

일단 백이와 숙제라는 인물에 대해 살펴보면 이렇습니다. 둘은 본래 고죽국이라는 나라의 왕자였답니다. 왕은 첫째인 백이보다 셋째인 숙제에게 왕위를 물려주기를 원했습니다. 그러나 왕이 세상을 떠나자 숙제는 첫째인 백이가 왕위를 물려받아야 한다고 주장합니다. 한편 백이는 아버지의 뜻을 거스를 수 없다며 한사코 숙제에게 왕위를 미룹니다. 옥신각신 끝에 백이가 먼저 나라를 떠납니다. 자신이 떠나면 자연스럽게 숙제가 왕위를 물려받으리라 생각했던 것이지요. 그런데 숙제도 백이를 따라 나라를 떠납니다. 결국 왕위는 이름도 남아 있지 않은 둘째에게 전해집니다. 이렇게 고향을 떠난 백이와 숙제는 거지나 다름없는 행색으로 이리저리 떠돌아다닙니다.

그러던 중에 주나라의 문왕이 나라를 잘 다스리고 있다는 소식을 듣습니다. 좋은 나라에는 사람들이 모여드는 법. 백이와 숙제도 주나라로 떠납니다. 그러나 주나라에 도착한 순간 본 것은 듣던 것과 달랐습니다. 문왕은 이미 세상을 떠난 데다 뒤를 이어 군주의 자리에 오른 무왕은 은나라를 정벌하겠다고 전쟁에 나서려는 상황이었습니다.

이들은 군대를 막아서곤 이렇게 묻습니다. 그것도 무왕의 말고삐를 직접 붙잡고 말이지요.

"아버지의 장례를 다 치르지도 않고 전쟁을 일으키는 것을 효孝

「채미도」 북송 시대 화가 이당이 그린 「채미도」 부분. 고사리(미薇)를 캐며(채採) 수양산에서 숨어 살았던 백이와 숙제의 이야기를 담은 작품이다.

라고 할 수 있습니까? 신하로서 군주에게 전쟁을 일으키는 것을 인仁이라고 할 수 있습니까?"

—「백이 열전」

주변 병사들은 백이와 숙제를 가만히 두고 볼 수 없었습니다. 병사들이 이 둘을 죽이려 하지만 태공 망, 여상이 이를 막습니다. 의인이라며 이들을 풀어 주지요. 목숨을 건진 이들은 수양산으로 들어갑니다. 본래 백이와 숙제의 나라 고죽국이나 이들이 찾아간 주나라 모두 은나라의 제후국이었습니다. 그러다 은나라의 폭군 주왕의 전횡(권세를 혼자 쥐고 제 마음대로 함)이 심해지자, 주나라 무왕이 아버지의 위

패를 싣고 전쟁을 벌인 것이었습니다. 결국 주나라가 전쟁에서 승리하고 천하를 차지합니다. 그러나 백이와 숙제는 정당하지 못한 방법, 전쟁으로 천하의 주인이 바뀌었다는 것을 받아들일 수 없었습니다. 이들은 수양산에 들어가 고사리만 먹다 굶어 죽습니다. 주나라 땅에서 나는 곡식은 먹지 않겠다고 결심했기 때문이지요.

오늘날의 관점에서 보면 이들은 지독히도 고지식한 사람들입니다. 군주의 자리를 박차고 도망치다시피 고향을 떠난 일이나, 주나라 백성으로 살지 않겠다고 끝내 굶어 죽은 일이나. 그러나 이들은 삶의 원칙을 지켰다는 면에서 후대 사람들에게 큰 귀감이 됩니다. 특히 공자는 이들을 매우 존경했던 것으로 유명합니다. 공자는 이들이 비록 굶어 죽었지만 아무 원망 없이 세상을 떠났을 것이라고 말합니다. 자신이 추구하던 가치를 위한 것이니 상관없으리라 생각한 것이지요.

그러나 사마천의 생각은 이와 다릅니다.

저 서산에 올라가 고사리를 뜯자.

폭력을 폭력으로 바꾸었지만

그 잘못을 모르는구나.

신농, 우, 하나라와 같이 아름다운 때는 지나가 버렸구나.

이제 우리는 어디로 가야 할까?

아아! 떠나련다.

운명이 다했구나.

이들은 결국 수양산에서 굶어 죽었다. 이 노래를 보면 이들은 원
망했을까? 원망하지 않았을까? ―「백이 열전」

여러분의 생각은 어떤가요? 과연 백이와 숙제는 아무 원망 없이 세
상을 떠났을까요? 아마 그렇지 않을 것입니다. 아무리 자신의 신념을
지키다 죽음을 맞이했다고 하더라도 억울하지 않을 수는 없었겠지
요. 그러나 문제는 비단 백이와 숙제만 그런 것이 아니라는 점입니
다. 옳은 길을 택했지만 억울하게 화를 당하는 사람은 어디에나 많이
있습니다. 대체 이것을 어떻게 보아야 할까요?

오늘날을 살펴보면 하는 일이 올바르지 않고 법으로 금하는 일
만 하면서도 평생토록 호강하며 즐겁게 살고, 게다가 대대로 부
귀를 누리는 사람이 있다. 그런가 하면 늘 조심스럽게 행동하고,
말을 가려서 하며, 부정한 방법을 사용하지 않고, 의로운 일만
하는데도 재앙을 만나는 사람이 헤아릴 수 없을 만큼 많다. 이러
니 크게 당혹스럽다. 대체 하늘의 도리라는 것이 옳은가? 그른
가? ―「백이 열전」

사마천은 '하늘의 도리(天道)' 자체를 문제 삼습니다. 여러분도 비
슷한 질문을 던져 본 적이 있을 것입니다. 만약 신이 있다면 세상이
이렇게 돌아가지는 않을 텐데, 라고. 물론 이런 질문은 증명해 낼 수

있는 성질의 것이 아닙니다. 다만 충분히 의미 있는 질문입니다. 하늘이 믿을 만하다면, 선한 신이 있다면 우리는 부조리한 세상에 살면서도 다른 기대를 가질 수 있습니다. 예를 들면 이런 것이지요. 죄를 지은 사람은 언젠가는 벌을 받을 것이라는. 그것이 이번 삶에서건, 죽어서건, 혹은 다음 생에서건.

그러나 사마천에게는 그런 믿음은 없습니다. 나쁜 사람은 벌을 받기는커녕 평생 호강하는 데다 후손들까지 잘 삽니다. 그렇다면 어떻게 해야 할까요? 적어도 억울한 마음을 풀어 줄 방법이라도 있어야 하는 게 아닐까요? 사마천은 그것이 역사가에게 달려 있다고 보았습니다. 이 억울한 사람들을 기억해 주는 것, 잊히지 않도록 해 주는 것. 그것이야말로 역사가인 자신의 책임이라고 말합니다.

이런 사람의 이름이 세상에 알려지지 않는 것은 정말 슬픈 일이다.

외진 시골에 살면서 홀로 덕행을 닦아 이름을 알리고자 하는 사람도, 덕이 높은 선비를 만나지 못하면 어떻게 후세에 이름을 전할 수 있을까?
                                                                              ―「백이 열전」

역사는 억울함을 돌아봐 주지 않습니다. 누군가 어떤 사람이 필요합니다. 사람은 자신의 삶을 알아줄 누군가를 만날 때 위로받습니다. 누군가의 삶과 공명할 때에 삶의 새로운 가치를 발견하게 됩니다. 사마천은 자신이 잊힐 사람을 알아주는 존재가 되겠다고 말합니다. 사마천은 이처럼 기억하기와 전해 주기라는 방법으로 역사 속의 인물들을 만납니다. 그가 『열전』을 쓴 것은 바로 이런 안타까움 때문이었습니다.

한편 사마천 역시 그런 존재를 만나기를 바랐습니다. 그래서 그는 『사기』를 마치며 맨 마지막에 이렇게 적었습니다. "정본定本은 산속에 간직하고, 부본副本은 수도에 두어 후세 성인군자를 기다린다." 대체 그는 어떤 성인군자를 기다린다고 한 것일까요? 자신이 이전 역사 속에서 억울한 이들의 이야기를 기억했던 것처럼 자신의 이야기 역시 훗날 누군가에 의해 읽히고 기억될 것을 기대한 것이겠지요.

앞서 그는 태산보다 무거운 죽음을 맞길 원한다고 했습니다. 깃털처럼 가벼운 죽음이 아닌, 무거운 죽음. 그것은 이처럼 기록―책을 통해 과거와 미래를 잇는 작업을 통해 가능합니다. 사마천에게 역사란 읽기와 쓰기를 통해 누군가를 만나는 과정이었습니다. 과거의 인물

을 만나고 또 알지 못하는 미래의 누군가를 만나는. 한편 그것은 울분이라는 삶의 모순을 극복하는 방법이기도 했습니다. 사마천은 『사기』를 쓰면서 울분 속의 삶이 아닌 다른 삶을 경험할 수 있었습니다. 그렇기에 또한 사마천은 태산보다 무거운 죽음, 아니 태산보다 무거운 삶으로 기억될 수 있었습니다.

◉

사람은 모두 죽습니다.

그러나 어떤 죽음은 태산보다 무겁고

어떤 죽음은 터럭만큼 가볍습니다.

그것은 어떻게 죽음을 대하느냐에 따라

달라집니다.

◉

자연에 따라 살아라

장 자크 루소 · 『에밀 또는 교육론』

현민

프랑스 대혁명의 아버지

18세기 사상가 장 자크 루소(Jean-Jacques Rousseau, 1712~1778)가 죽고 나서 얼마 지나지 않은 1789년에 프랑스 대혁명이 일어납니다. 이 급격한 변화를 주도한 사람들은 루소가 쓴 『사회계약론』을 자신들의 교과서로 삼았고 이에 루소는 일약 혁명의 아버지가 됩니다. 그리고 1794년, 한적한 섬에 묻혀 있던 루소의 시신은 역사적 인물을 기리는 그리스식 사당인 팡테옹에 모셔집니다. 루소의 옆에는 『캉디드』의 저자이자 계몽주의의 주요 인물이었던 볼테르의 자리가 마련돼 있었습니다. 살아 있을 때 대립했던 두 사람은 프랑스 대혁명의 이념을 제공한 위인이 되어 나란히 동상이 세워지고 신과 다름없는 숭배를 받았습니다.

이렇듯 그 끝이 창대하여 200여 년이 지난 지금까지 이야기가 전해

팡테옹 프랑스를 빛낸 인물을 기리는 사당. 볼테르, 루소, 에밀 졸라, 빅토르 위고 등 위대한 시인·학자·정치가 등의 무덤이 있다.

오는 유명 인사지만, 사실 루소의 시작은 미약하기 그지없었습니다. 장 자크 루소는 1712년 제네바공화국(현재의 스위스 제네바)에서 태어났는데 아버지 이자크 루소는 시계를 만드는 평범한 장인이었습니다. 어머니 쉬잔 베르나르는 루소를 낳을 때 생긴 상처 때문에 열흘을 넘기지 못하고 세상을 떠났습니다. 그래서 루소는 어머니의 얼굴 생김새조차 알지 못했습니다.

루소의 성장 과정도 비범함과는 거리가 멀었습니다. 10대 초반 개신교 목사의 집에서 지냈던 2년 정도의 기간이 루소가 받은 유일한 (비공식적) 교육이었습니다. 칭찬보다 벌을 많이 받던 시절이었습니다. 서른여덟 살이 될 때까지 분명한 목표도 별다른 성과도 없이 방

황을 거듭했습니다. 고뇌와 좌절로 점철된 위대한 인물의 방랑이 아니라 줏대 없는 떠돌이의 방랑이었습니다. 참고로 볼테르는 예수회에서 운영하는 엘리트 학교를 다녔고 일찍이 두각을 드러내 20대 초반부터 작가로서 이름을 날렸습니다. 그럼에도 결말을 따져 보면 루소는 어느 순간 극적인 반전을 이루어 내어 엄청나게 출세한 사람처럼 보입니다.

이 글에서 소개할 루소의 책 『에밀 또는 교육론』(이하 『에밀』)은 그 제목처럼 교육에 대한 루소의 생각을 기록한 책입니다. 오늘날 서점의 교육 관련 코너에는 넉넉지 않은 가정환경에 사교육을 받지 않았음에도 명문 대학, 국제기구, 기업체 등에 합격했다는 내용의 수기가 널려 있습니다.

그러나 『에밀』에 루소의 성공 비결이 제시되어 있지 않을까 기대한다면, 그건 오해입니다. 루소의 생애와 겹쳐지는 요소는 있지만 루소가 교육을 바라보는 관점은 그런 성공담과는 거리가 멀었습니다. 루소 정도의 인물이 뽐내는 비법이라면 어느 자기 계발 수기보다 쓸모도 있고 거부감도 덜 들겠지만, 루소는 학교에 다니지 않고도 베스트셀러 작가로 성공하는 법 같은 내용을 『에밀』에 담지 않았습니다.

비정한 아버지의 죄책감

『에밀』이 탄생한 핵심적 배경에는
자랑스러운 성취가 아니라 떨칠 수 없는 죄책감이 있었습니다. 『에
밀』을 쓸 때 루소의 나이는 오십이 다 되었는데 지식계에서는 외톨이
였고 악보를 베끼면서 생계를 꾸리던 처지였습니다. 이런 상황에 놓
인 것은 루소 나름의 결심도 있었지만 지식인 사회의 대부였던 볼테
르에게 단단히 찍혔기 때문이기도 했습니다. 뒷부분에서 설명할 테지
만 루소는 볼테르가 이끄는 계몽주의 그룹에 순응하지 않고 색다른
주장을 했습니다. 훗날 볼테르는 자신의 이름을 감추고 루소가 자녀
들을 고아원에 버렸다는 문서를 작성하기까지 했습니다.

루소가 30대에 아이들을 고아원에 맡겼던 적이 있으니 터무니없는
헛소문은 아니었습니다. 임신 소식을 들었을 때, 서른 살이 넘도록

루소 18세기 프랑스의 정치사상가이자 철학자, 소설가, 교육이론가, 음악가이다. 계몽주의자로 알려져 있지만 이성 못지않게 감성을 중요시하는 사상을 펼쳤다.

앞가림도 못 하던 루소는 갑자기 원치 않는 노동을 해야 한다는 사실이 두려웠습니다. 설사 노력을 한다고 해도 제 식구를 먹일 만한 벌이가 될지도 알 수 없었습니다. 아이 어머니인 테레즈 르바쇠르와는 결혼한 사이도 아니었습니다. 여러모로 갑갑한 상황에서 반길 수만은 없던 임신이었습니다. 고아원에 보내는 게 아이들의 인생에도 나을 것 같았습니다.

이런 개인사적 배경 때문에 루소는 위선자이고 그가 쓴 책, 특히 어린이 교육에 관한 『에밀』은 읽을 가치가 없다는 주장을 펼치는 사람이 지금도 적지 않습니다. 아버지 노릇도 못 하는 사람이 교육에

『에밀 또는 교육론』의 초판본 1762년에 출간된 이 책은 총 5권으로 되어 있으며 나이에 따른 교육의 구체적인 프로그램을 상세히 제시하고 있다.

대해 왈가왈부하는 것은 아무 의미와 가치가 없다는 식의 비판입니다. 더 파고들 여지가 있는 부분이지만, 이 글을 원래의 목적에 충실하게 전개하기 위해 루소의 잘잘못에 대한 도덕적 평가는 각자의 판단에 맡기기로 하겠습니다. 다만 섣부른 예단을 막기 위해 두 가지는 짚고 넘어가겠습니다.

현대의 역사학자들은 18세기 유럽의 상황을 고려하면 루소의 행동이 매우 파렴치한 것은 아니었다고 평가합니다. 당시에는 피임 기술이 발전하지 않았고 남성 우월적인 분위기였습니다. 부모가 되길 원치 않던 많은 사람들은 고아원에 아이를 맡기는 것을 떳떳하다고는 할 수 없지만 공공연하게 선택했습니다. 1772년 프랑스 파리에서는 그해 출생한 신생아의 40퍼센트에 해당하는 7,700여 명이 시설에 맡

겨졌다는 통계가 있습니다. 그리고 나는 좋은 교육자는 반드시 좋은 양육자여야 한다는 주장에는 좀 더 타당한 근거가 뒷받침되어야 한다고 생각합니다.

볼테르가 퍼뜨린 소문과는 별개로 루소는 이 일로 일평생 자기혐오에 시달렸습니다. "아버지로서의 의무를 완수할 수 없는 사람은 아버지가 될 권리가 없다. (…) 누구든 인간으로서의 정을 가지고 있으면서 그토록 신성한 의무를 저버리는 자에게 예언하건대, 그는 오랫동안 자신의 잘못에 대해 통한의 눈물을 쏟게 될 것이며 결코 그 무엇으로도 위로받지 못하리라."(제1권)

후회해도 바로잡을 수 없다면 잊는 것이 현명할 때도 있습니다. 루소는 그런 유형의 인간은 못 되었습니다. 현실에서는 아이를 떠나보냈지만 역설적으로 루소의 마음에는 영영 지울 수 없는 아이가 생겼습니다. 거의 20여 년 동안 가슴속에 아이를 품으면서 길렀습니다. 나는 고아원에 아이들을 맡겼다는 사회적 사실보다는 이후의 심리적 상태에 루소의 유별난 점이 있다고 생각합니다. 『에밀』은 현실에서는 아버지가 될 수 없던 사람이 상상 속에서 어떻게 아이를 키웠는지를 보여 주는 이야기입니다.

나는 가상의 제자를 만들고, 내게 그를 교육시키기에 적합한 나이, 건강, 지식, 그리고 모든 재능이 갖추어져 있다고 가정하면서, 그가 태어나는 순간부터 다 자란 어른이 되어 자기 자신 외에

다른 안내자가 필요 없게 될 때까지 그를 지도하기로 결심했다.

— (제1권)

『에밀』은 한 남자아이가 태어나서 결혼하고 아이를 낳기까지의 과정을 소설의 형식을 빌려서 쓴 책입니다. 책 제목인 '에밀'은 주인공 남자아이의 이름에서 따온 것입니다. 그리고 에밀을 항상 따라다니면서 모든 일을 함께 하는 선생님이 있습니다. 이 선생님은 지은이인 루소 자신을 투영한 인물이라고 할 수 있겠습니다.

인간이 되기 위한 견습생

『에밀』은 아이와 함께 숲 속을 탐사하고, 역사책을 읽고, 시장과 사교계를 방문하고, 목공과 사냥을 배우는 등 마치 육성 시뮬레이션 게임과 유사한 구성을 하고 있습니다. 그렇지만 에밀이 어떤 직업을 얻게 되었다는 식으로 끝나지는 않습니다. 루소는 이 모든 활동이 교육이고 교육이란 "인간을 만드는 기술"(머리말)이라고 정의합니다. 이 모호하지만 핵심이 되는 주장을 지금부터 설명하려고 합니다.

예나 지금이나 우리가 보는 것과 다를 바 없는 모습의 호모사피엔스라는 생물종은 있어 왔습니다. 그러나 인간이 서로를 같은 부류로 여기지 않던 시절도 있었습니다. 예컨대, 근대 이전의 유럽에서 사제는 신의 말씀을 들을 수 있었기에 성스러웠고, 귀족은 고귀한 피를

「에밀 또는 교육론」에 실린 그림 1782년판
책 앞쪽에 실린 삽화이다. "인간의 교육은
태어날 때부터 시작된다."라는 그림 설명이
달려 있다.

지녔기에 특별했습니다. 나머지 신분과 그 밖의 다른 차이까지 고려
하면 사람들 사이에는 하나의 집단으로 묶일 만한 공통점보다는 질
적 차이가 존재했습니다. 이런 생각이 지배적이라면 '인간'이라는 개
념은 들어설 여지가 없습니다. 자유와 평등이라는 개념도 이 인간이
라는 개념으로부터 나오는 것입니다.

즉 신분제가 튼튼했던 시대에 한 사람의 운명은 태어나기 전부터
결정되어 있었습니다. 이 흔적은 지금도 서양식 성姓에 남아 있습니
다. 이를테면 스미스Smith라는 성은 대대로 대장간에서 일하던 집안이

었습니다. 아인슈타인Einstein은 벽돌을 만들던 집안의 성입니다. 외교관 집안의 아이는 외국어 어휘를 암기하면서 외교관이 되었고, 사형 집행인 집안의 아이는 형벌 도구를 만지면서 사형 집행인이 되었습니다. 이런 세상이라면 인간은 자신에 대해 알기도 전에 이미 살아야 할 방식이 정해졌습니다. 아니, 굳이 자기가 누구인지 알 필요가 없었습니다.

살아야 할 방식이 정해져 그에 따라 이루어지는 학습은 루소가 말하는 '인간을 만드는 기술'이 아닙니다. 일단, 인간을 '만든다'는 것은 인간이 출생의 조건과 무관하게 스스로의 의지와 노력에 따라서 '무언가'가 될 수 있다는 의미를 전제합니다. 루소의 교육은 기성 사회를 비판하고 자유롭고 평등한 존재로서 인간 일반을 정립하는 데서 출발합니다. 이것은 우리에게 익숙한 근대사회의 이상과 서로 통하기 때문에 이해하기 어렵지 않습니다.

그런데 후천적 노력으로 되려고 하는 이 '무언가'의 의미를 세심하게 살펴야 합니다. "우리는 직공이 되기 위한 견습생이 아니라 인간이 되기 위한 견습생이다."(제3권) 이 문장에서 인간은 목표이자 이상으로 제시되는데, 이때의 인간은 직업인이나 기능인으로 한정될 수 없습니다. 루소는 사회적 위치로 환원되지 않는 자리를 가리켜 '인간'이라는 용어를 사용합니다. 즉 루소가 정의하는 인간은 태어날 때의 조건보다 개선된 지위를 차지할 수 있는 존재가 아닙니다. 예컨대 신분이 낮은 집안의 자제를 행정관이 되도록 만드는 것은 성공적인

교육과 관계가 없다고 주장합니다.

루소가 속해 있던 사회를 예로 들었지만, 신분제냐 아니냐를 떠나서 기술 습득이나 지위 획득을 위한 학습은 동서고금 어느 사회에서나 찾아볼 수 있습니다. 그 진입 장벽과 가치 부여에는 사회마다 차이는 있을 수 있지요. 그러나 특정한 사회적 위치에 해당하는 기능을 익힌다는 점에서는 다르지 않은 활동들입니다. 이와 달리 루소는 사회라는 환경보다 인간이란 존재에 초점을 맞춰서 교육이란 개념을 정의하려고 시도했습니다. 그래서 『에밀』이 교육학의 고전이라는 평가를 받는 것입니다.

자연에 따라 살아라

이처럼 인간만을 따로 떼어 내어 독립적인 주제로 고찰하는 사고방식을 가리켜 근대적 사고라고 합니다. 대표적으로 루소보다 백여 년 앞서 활동했던 '근대 철학'의 아버지 르네 데카르트는 다음과 같이 말했습니다. "나는 생각한다. 그러므로 나는 존재한다." 이 널리 알려진 명제는 이후 인간을 이성적 존재로 자리매김하는 데 크게 기여했습니다. 루소의 시대에도 마찬가지였습니다.

루소는 이성의 중요성은 인정했지만, 이성의 형성과 발달에 대해서는 다른 의견을 냈습니다. "우리 시대의 잘못 중 하나는 마치 인간이 정신만으로 이루어진 것처럼 지나치게 있는 그대로의 이성만을 사용하는 것이다."(제4권) 루소는 인간은 이성적 존재이기 전에 감각

적 존재로 태어난다고 생각했습니다.

우리에게 가장 먼저 형성되어 완성되는 능력은 감각이다. 따라서 감각을 가장 먼저 길러 주어야 할 것이다. 그런데 사람들이 흔히 잊고 있는, 또는 가장 등한시하는 유일한 기능이 바로 이것이다. 감각을 훈련한다는 것은 단지 그것을 사용하는 것만이 아니라 그것들을 통해 제대로 판단하는 법을 배우는 것, 말하자면 느끼는 법을 배우는 것이다. ― (제2권)

감각과 인접한 단어들의 의미를 비교하면서 루소의 '이성' 개념을 이해해 봅시다. 먼저 '감각'은 우리가 사물과 직접 접촉했을 때 느껴지는 것들을 말합니다("너희 집 고양이 너무 보드랍다."). '감정'은 그때 우리의 마음속 상태를 가리킵니다("참 사랑스러워."). '기분'은 실제 접촉과 무관하게 감정이 일정한 지속성을 지녔을 때를 말합니다("덕분에 오늘 기분 좋은 하루를 보냈어."). 그리고 '기억'은 감정이나 기분에 있는 정서적 차원이 차분해진 다음에 남아 있는 흔적을 가리킨다고 할 수 있습니다("다음 주에 또 고양이를 보러 가도 될까?").

루소는 감각부터 시작되는 인간의 능력들이 차곡차곡 뒷받침되어야만 이성이 성장할 수 있다고 보았습니다. 비교하고 분석하고 판단하는 일은 부드러움과 뻣뻣함, 따뜻함과 차가움을 잘 느끼고 구별할 줄 아는 데서 비롯되는 것입니다. "인간의 이해력 속으로 들어오는

「고양이와 노는 아이」 그림 속 아이는 고양이를 보고 만지는 등 직접 접촉하면서 감각을 느낀다. 루소는 이성이 감각 능력과 더불어 성장한다고 주장한다. 메리 커샛의 1908년 작품.

모든 것은 감각을 통해 오는 것이므로 인간의 최초의 이성은 감각적 이성이다. 바로 이것이 지적인 이성의 토대가 된다."(제2권) 이 대목에서 감각적 이성이라는 표현을 사용하는 것에서 알 수 있듯이, 감각은 이성과 서로 어긋나는 게 아니라 그 바탕이 되기도 합니다. 이런 이론을 바탕으로 루소는 흔히 교육의 핵심이라고 여겨지는 교사의 역할이 전체의 교육에서 가장 적은 부분에 해당한다는 대담한 주장을 펼칩니다.

우리는 누구나 세 종류의 스승에게 교육을 받는다. 이 교육은 자연이나 사물 또는 인간에서 우리에게 온다. 자연의 교육은 우리의 능력과 기관의 내적 발달이다. 사물의 교육은 우리에게 작용하는 사물들에 대해 우리 자신의 체험을 통해 얻게 되는 것이다. 인간의 교육은 이러한 발달과 체험을 우리가 어떻게 이용할 것인지를 가르쳐 주는 것이다. 　　　　　　　　 — (제1권)

루소는 자연의 교육이 최우선이고 인간의 교육은 세 가지가 어긋나지 않도록 도와야 한다고 보았습니다. 따라서 한 사람의 교육은 감각이 형성되는 과정부터 개입해야 제대로 된 효과를 볼 수 있다고 생각했습니다. 이런 생각에는 루소의 개인적인 경험이 뒷받침되는데, 루소는 젊은 시절 10대를 가르치는 가정교사 아르바이트를 한 적이 있었습니다. 만족스러운 경험은 아니었습니다. 루소는 자신이 서툴렀기 때문만이 아니라 자신이 원하는 교육을 하기에는 늦은 시기의 아이들을 가르쳤기 때문에 실패했다 생각했습니다.

그래서 『에밀』은 교육론보다 육아론이라는 제목이 어울릴 법한 내용에서 시작합니다. 주인공 에밀이 태어났을 무렵부터 관여하는 것이지요. 이것이야말로 루소가 의도한 교육에 들어맞는 설정입니다.

어린아이가 어머니의 배 속에서 나와 사지를 움직이고 뻗는 자유를 누리게 되자마자 사람들은 그에게 새로운 속박을 가한다.

아기를 포대기로 싸서 머리를 움직이지 못하도록 고정시키고 다리를 쭉 뻗게 한 채 또 팔은 몸에 나란히 붙게 해서 눕혀 둔다. 아이는 온갖 종류의 내의와 띠로 휘감겨 자세를 바꿀 수도 없다. (…) 아기에게는 (…) 옆으로 머리를 돌릴 자유조차 없다.

— (제1권, 루소가 왕립식물원 원장 뷔퐁이 쓴
『박물지』에서 인용한 부분)

루소는 유모가 편하게 일할 수 있도록 아이를 고정하는 육아용품이 아이의 몸에 안 좋은 영향을 미친다고 비판합니다. 그런데 여기서 루소가 언급한 배내옷은 실질적인 것일 뿐 아니라, 인간의 삶 전체에 대한 상징이기도 합니다. 루소는 인간이 "태어나자마자 배내옷 속에 봉합되듯 싸이고 죽으면 관 속에 꼼짝없이 갇히게 된다."(제1권)고 합니다. 인간의 삶이 평생 동안 온갖 굴종, 제약, 구속에 묶여 있다고 지적합니다.

"그토록 잔인한 속박이라면 아이들의 체질뿐 아니라 기질에도 영향을 미치지 않을 수 있겠는가? 아이들의 최초의 감정은 고통과 아픔의 느낌이다. (…) 여러분은 아이들이 처음 내는 소리가 울음소리라고 생각한다. (…) 그들이 여러분에게서 받는 최초의 선물이 쇠사슬이고, 그들이 경험하는 최초의 대우가 고통이기 때문이다."(제1권) 루소가 말하는 최초의 교육은 아이를 자연스럽게 놓아주는 것에서부터 출발합니다.

신생아는 매우 오랫동안 작은 실 꾸러미처럼 뭉쳐진 채 있으므로 마비가 된 사지를 풀어 주기 위해 사지를 뻗어 움직이는 것이 필요하다. ─(제1권)

독서 교육 금지

21세기 한국에는 공교육 제도를 보완하거나 대체하는 대안교육 기관도 있지만, 18세기 유럽에는 아예 사회제도로서 학교가 없었습니다. 글자를 깨우치지 못하는 사람도 많았습니다. 루소는 인간에게는 모두 교육이 필요하다고 주장했지만, 그 교육과정을 학교와 동일하게 생각하지는 않았습니다. "나는 사람들이 학교라 부르는 우스꽝스러운 시설들을 공공 교육 체제라고 생각하지 않는다."(제1권) 앞에서 말했듯이 루소 자신도 정식으로 교육을 받은 사람이 아니었습니다. 우리에게 영어가 중요하듯이 18세기 유럽에서 지식인으로 살려면 라틴어를 할 줄 알아야 했는데, 루소는 라틴어도 잘 못했습니다.

이 학교 비판의 배경을 이해하려면 그때의 교육이 어떤 방식으로 이뤄졌는지 살펴볼 필요가 있습니다. 그 당시에도 아이들에게 글자를 읽고 쓰는 법을 가르치는 오늘날 학교의 전신이 되는 교육기관들이 있었습니다. 그 교육기관들은 대부분 종교 기관에서 설립한 것들이었습니다. 잘 알려진 것처럼 기독교 교리에서는 인간은 태어나서부터 죄를 가지고 있고, 진정한 구원과 행복은 죽음 이후의 세계에 있다고 보았습니다. 지상이 아닌 천상, 현세가 아닌 내세에 가치를

부여했습니다.

현대인들은 신앙심과 이성을 서로 다른 것 또는 대립하는 것으로 여깁니다. 하지만 18세기에는 그 이전 르네상스 시대 인문주의자들의 활약과 과학기술의 발전으로 이성을 중시하는 계몽주의적 사고가 발달하여, 중세적 사고와 뒤섞여 있었습니다. 두 가지 사고방식은 교육 현장에서 인간의 몸을 부정하고 정신을 이상화하는 것으로 드러났습니다. 죄 많은 존재인 인간이 자신을 극복할 수 있는 정신적 성향이 이성이기 때문이었습니다.

즉 교육의 목표는 인간의 '본성'을 새롭게 창조하기 위해 이성을 계발하는 것이었습니다. 그것은 신에게 가까이 다가가는 방법이기도 했습니다. 따라서 이성을 계발하기 위한 구체적인 교육 방침으로 어린이들에게 라틴어 고전 문법을 외우고 책을 읽도록 권했습니다. 특히 성경에서 가장 긴 시편 119편을 암기시키는 방식이 많이 사용되었다고 합니다.

루소가 말한 "자연에 따라 살아라."는 이런 교육의 경향에 정면으로 맞서는 주장입니다. 서양의 중세를 배경으로 삼는 판타지 영화나 소설에 나타나는 것처럼 기독교 세계관에서 자연은 무질서하고 혼란스러운 공간입니다. 계몽주의 사상에서도 자연은 지배하고 정복할 대상이었습니다. 자연을 부정한다는 점에서도 기독교와 계몽주의는 서로 통합니다.

하지만 "자연에 따라 살아라."는 말을 귀농을 하거나 시골에 있는

대안학교에 다니라는 의미로만 이해해서는 곤란합니다. 자연은 영어 단어 'nature'의 쓰임새에서 알 수 있듯이 '천성', '본래의 모습' 등의 뜻도 담겨 있습니다. 자연은 숲, 강, 산에만 있는 게 아니라 '자연스럽게'라는 말에서처럼 이미 내 안에 간직하고 있는 것들을 뜻하기도 합니다. 자연에 따라 살라는 주장은 인간의 '본성'과 이 세상을 긍정합니다. 유기농 같은 자연 친화적인 삶에 대한 권장이 아니라 인간을 어떤 존재로 정의할 것인가라는 심오한 질문과 관련이 있습니다. (흔히 "자연으로 돌아가라."로 알려져 있는데 '돌아간다'라고 표현하면 뜻을 잘못 이해할 가능성이 있어서 이 글에서는 "자연에 따라 살아라."라고 옮겼습니다.)

루소는 이성적 존재임을 뽐내면서 인간을 만물의 영장으로 내세우는 논리조차 인간을 충분히 긍정하지 못한다고 생각했습니다. 오히려 성경을 암기시키는 주입식 교육처럼 억압적일 수도 있었습니다. 교육 현장에서 어린이는 미성숙한 이성을 지닌 존재였기 때문에 어른들의 가르침을 일방적으로 받아야 했을 뿐 아이 자신의 욕구나 처지는 중요하게 다뤄지지 않았습니다. 루소가 보기에 인간에 대한 긍정은 당연히 어린이를 포함해야 했습니다.

루소는 인간은 열두 살이 될 때까지는 자연의 가르침을 받으며, 그 때까지 이성의 시기는 시작되지 않는다고 보았습니다. 감각의 사용법도 제대로 익히지 않은 상태에서 정신에 지나친 부담을 지우는 교육은 이치에 어긋나는 것이었습니다. 또 어린이가 어른을 깜짝 놀라

『에밀 또는 교육론』에 실린 그림 교사는 에밀이 자연의 가르침을 받으며, 감각을 사용하는 방법을 익힐 수 있도록 이끌어 준다.

게 할 정도의 지식을 보유했다면 그것은 기특한 일이 아니라, 주의 깊게 관찰해야 한다고 생각했습니다. 그래서 어린 시절 영재라고 칭송받던 사람들의 자라서 평범한 사람보다 못하게 된 사례들을 듭니다. 오감을 통해 직접 경험하지 못한 앎은 살면서 쓸모를 찾지 못하고 금세 허공으로 흩어진다는 것입니다.

주인공 에밀이 아동기에 받는 교육은 실험물리학 분야로 한정됩니다. 이때의 실험물리학은 폐쇄된 실험실에서 복잡한 도구로 하는 과학이 아니라, 오감이 넉넉히 발달하도록 자신의 몸을 다양한 방식으

로 활용해 보는 실험을 말합니다. 에밀은 숲 속에서 길을 잃었을 때 해가 저무는 위치를 보고 마을이 있는 방향을 깨치도록 교육을 받습니다. 이에 비하면 동서남북이란 추상적인 단어를 익히는 것은 중요하지 않습니다. 눈으로 거리를 측정하고 손으로 무게를 가늠하는 식의 활동도 여기에 포함됩니다. 미터, 그램, 톤 같은 단위는 나중에 배워도 늦지 않습니다.

심지어 루소는 이른 시절의 독서가 해롭다고까지 하는데, 이 극단적인 주장도 같은 맥락에서 이해할 수 있습니다. 열두 살 이전에 읽어야 할 책은 오직 영국의 소설가 대니얼 디포가 쓴 『로빈슨 크루소』뿐이라고 합니다. 여러분도 알다시피, 『로빈슨 크루소』는 무인도에 불시착한 사내가 혼자의 힘으로 생활을 꾸려 나가는 이야기입니다. 루소는 교육을 문자와 관념의 세계에서 찾지 않았습니다. "우리의 진정한 스승은 경험과 느낌이며, 인간은 오로지 자신이 처해 있는 관계 속에서만 인간에게 적합한 것을 느낄 수 있기 때문이다."(제3권) 훗날 교육학자들은 이를 가리켜 '소극적 교육'이라고 이름 붙였습니다.

상상력을 경계하라

자기애와 이기심

루소가 이토록 이성을 경계한 이유는 상상력 때문입니다. 루소는 상상력을 인간이 자신의 몸 바깥으로 향하게 만드는 정신적 능력이라고 보았습니다. 예를 들어 갓난아기는 자기가 밀착해 있는 엄마의 젖가슴 외에 다른 세계를 알지 못합니다. 직접 영향을 받지 않는 세상에 대해서는 전혀 사고하지 못합니다. 이런 상태에서는 상상력이 자라날 여지가 없습니다.

상상력은 인간이 자라면서 힘이 넘쳤을 때 자라나는 능력입니다. 자신의 바깥을 향할 수 있는 힘이 있어야 직접 겪지 않은 다양한 입장과 상황들을 비교하고 판단하는 일도 가능해집니다. 감각이 그런 것처럼 루소의 상상력 개념도 이성과 대립하는 게 아니라 그 일부를

이루고 있습니다. 그 시기가 되면 우리는 비로소 타인의 입장에서 생각하고 그 고통에 동정할 줄도 안다는 장점이 있습니다. 그리고 어느 단계에 이르면 먼 과거나 미래, 한 번도 가 보지 않는 세계까지도 생각할 줄 알게 됩니다.

반면 감수해야 할 부작용도 있습니다. 상상력의 폐해를 설명하기 위해 루소는 자기애와 이기심을 예로 듭니다. 자기애는 말 그대로 자신을 사랑하는 마음입니다. 하지만 엄밀히 말하면 자기애에는 '자기'라는 관념이 없습니다. 있는 그대로의 상태를 긍정하는 마음이기 때문입니다. 한편 이기심은 자신이 다른 사람보다 낫기를 바라는 마음입니다. 엄마가 언니나 동생보다 자신을 좋아해 주길 바라는 마음도 이기심에 속합니다. 자기애와 달리 이기심에는 다른 사람과의 비교가 있습니다.

그런데 이 '다른 사람'과의 '비교'는 상상력의 도움이 없다면 불가능한 일입니다. 사실 이런 식의 비교는 불필요하고 무의미한 경우도 많지만, 이 같은 고통에서 평생 빠져나올 수 없는 게 정신적 존재로서 인간이 겪어야만 하는 숙명입니다. 이기심은 아무리 충족되어도 만족할 줄 모릅니다. 끊임없는 비교는 새로운 결핍을 만들어 내기 때문입니다. 루소는 어린이의 자기애는 순진무구한 마음이지만 상상력 때문에 자라면서 이기심으로 변질된다고 보았습니다. 행복의 비결은 자기애를 최대한 보존하는 데 있습니다.

그래서 루소는 타인이 아닌 자신, 미래가 아닌 현재에 교육의 초점

이 맞춰져야 한다고 주장합니다. 이를 위해 독서와 같은 경험을 넘어서는 세계에 대한 탐구는 가능한 뒤로 미룹니다. 루소에 따르면, 넓은 세상에 대한 동경과 미래의 가능성이라는 그럴듯한 명분으로 타인의 삶에 대해 상상하고 자신의 처지와 비교하는 법을 길러 주는 교육은 불행의 지름길입니다. 정신적 존재인 인간에게 상상력의 발달은 피할 수 없는 과정이지만, 루소의 교육 방침은 그 이전에 자신의 소질과 적성, 지금의 욕구에 대해 흡족히 알게 해서 상상력의 해악을 줄이는 것을 목표로 합니다.

신분제에 균열이 생기면서 다른 세상에 대한 상상이 가능해졌을 때, 루소는 그 가능성이 공허해지는 광경을 목격했습니다. "나는 많은 다양한 정념들이 소용돌이치는 가운데서 세상의 평판이 확고부동한 왕좌에 오르고, 그 절대적 권위에 예속된 어리석은 사람들이 오로지 타인의 판단에 자기 자신의 존재를 걸고 있는 꼴을 보고 있다."(제4권) 기성 사회가 요동을 치자 많은 사람들이 새롭지만 진부한 꿈을 꿨습니다.

평민이 귀족이 될 수 있다고 해서 더 행복해지는 것은 아닙니다. 물론 빈곤과 궁핍에서 벗어나 물질적 욕구를 충족할 수 있는 최소한의 생활 요건을 갖추는 것은 중요합니다. 그러나 평범한 사람들만이 가질 수 있던 소박함이나 겸손함 같은 미덕은 그 빛이 바래서 고루하고 촌스러운 것으로 여겨졌습니다. 그리고 그 자리에는 허영심과 오만함이 들어섰습니다. 허영심과 오만함은 다른 사람들의 시선이 있

프랑스 계급 사회 계급 사회를 풍자한 그림이다(1789년 작품). 제3계급이 제1계급인 성직자와 제2계급인 귀족을 등에 업고 있다.

어야만 충족되는 욕망입니다.

한때 루소도 높은 신분의 사람들처럼 생활하는 것을 동경한 적이 있었습니다. 그러나 루소는 그들이 평범하고 소박한 사람들보다 더 불행할 수밖에 없다는 결론을 내렸습니다. 그들은 사회적으로는 특권 계층이지만 기실 다른 사람들의 이목과 평판에 사로잡혀 사는 사람들이기 때문이었습니다. "민중은 있는 그대로의 자기를 드러내는데, 사실 사랑스럽지는 않다. 그러나 상류 사회의 사람들은, 만약 그들이 있는 그대로 자기를 드러내면 사람들에게 혐오감을 줄 것이기 때문에, 변장을 하여야만 한다." (제4권)

인간이라는 신분

루소는 인간의 자유에 대한 믿음이 있었습니다. 그렇지만 자유의 개념이 좀 달랐습니다. 인간의 자유가 더 높은 사회적 지위, 부, 명예로만 뻗치는 게 못마땅했습니다. 왜냐하면 부와 명예 또한 자연이 아니라 인위적인 것들에 속하기 때문입니다. 그런 관점에서 새로운 사회에 대한 욕망은 신분제를 완전히 벗어나지 못했습니다. 그래서 그 자유의 의지와 노력의 방향에 대해 질문했습니다.

> 오, 인간이여! 당신의 존재를 당신 안으로 좁혀라. (…) 하늘은 그 힘을 당신의 존재를 확장시키거나 연장하는 데 쓰도록 당신에게 준 것이 아니라, 오로지 하늘이 원하는 대로, 또 하늘이 원하는 범위 내에서 당신의 존재를 보존하는 데 쓰라고 주셨다. 당신의 자유, 당신의 능력은 자연이 부여한 힘이 확장되는 것과 같은 정도로만 발휘될 뿐 그 이상이 아니다. 그 나머지는 모두 예속 상태, 환상, 현혹에 불과하다. ─(제2권)

위 구절은 언뜻 보면 마치 중세 시대 성직자의 고루한 말씀과 다를 바 없어서 잘못 해석하기 십상입니다. 그러나 루소가 보기에는 자유를 무한한 가능성으로 포장하는 것만큼 사람을 현혹하는 말도 없었습니다. 자연은 인간을 그 생김새부터 다양하게 만들었고 그에 알맞은 행복 또한 다양할 수밖에 없습니다. 행복해지려면 누구보다 자신

을 알고, 믿고, 의지할 수 있어야 합니다.

세상사에 예측이 불가능한 변수는 많습니다. 누구도 전 과정을 통제할 수 없다는 점에서 공평합니다. 운이 좋아 성공할 수도 있지만 노력이 결실을 맺지 못하는 경우도 적지 않습니다. 한 사회에서 유용한 구성원을 만들기 위해 필요했던 가르침이 머잖아 그 수명을 다하기도 합니다. 루소는 인생의 성패를 사회적 보상에서 찾아서는 안 된다고 보았습니다. 그러니까 교육은 사회화나 직업 획득을 준비하는 과정이 그 전부가 될 수 없습니다.

18세기 유럽의 사회 변동은 출세하는 사람만큼 몰락하는 사람도 많이 낳았습니다. 출세한 사람은 하루아침에 인생의 승리자가 된 것처럼 우월감에 도취됐고 몰락한 사람은 자신의 전 존재를 상실한 것처럼 실의에 잠겼습니다. 이들은 자신을 사회적 지위와 동일시했다는 점에서 같았습니다. 그래서 그 우월감은 마음의 평정을 가져다주지 못했으며, 그 실의는 필요 이상으로 깊었습니다. "거지가 되어 비참한 가운데서도, 출생에서 비롯된 편견을 그대로 간직하고 있는 귀족보다 더 우스꽝스러운 것이 있겠는가? 가난해지자 가난 때문에 받는 멸시를 기억하고 자신이 가장 열등한 인간이 되었다고 느끼는 부자보다 더 비천한 것이 있겠는가?"(제3권)

살면서 좌절이나 실패에서 면제받을 수 있는 사람은 없습니다. 제 아무리 모든 것을 가진 인간이라도 나이가 들고 죽음을 맞는 것을 피할 수는 없습니다. "인간은 본래 왕이나 귀족도 아니고 고관이나 부

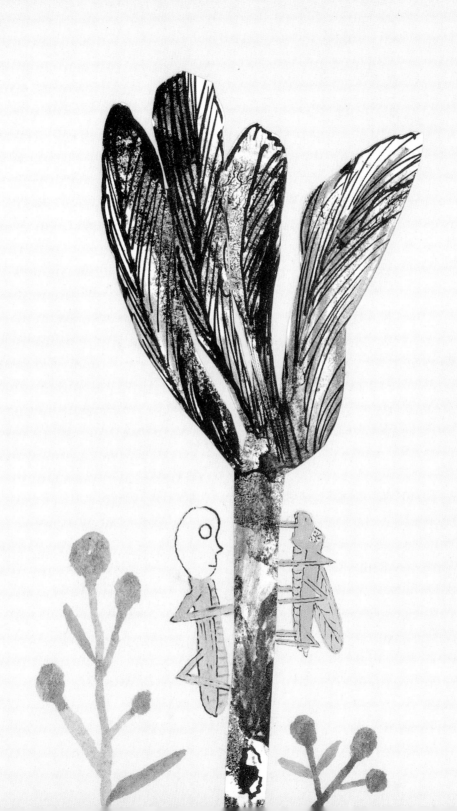

자도 아니다. 모든 사람들은 알몸으로 가난하게 태어나 인생의 비참함, 슬픔, 불행, 결핍, 그리고 온갖 종류의 고통을 피할 수 없으며, 결국 죽을 운명에 처해 있다. 이것이야말로 진정 인간의 참된 모습이며, 어떤 인간도 거기서 예외일 수 없다."(4권) 나는 이 문장에서 비관주의가 아니라 인간의 삶을 어떤 편견도 없이 올곧게 인식하려는 마음가짐을 읽어 냅니다.

루소는 자신이 생각하는 교육의 목표를 다음과 같이 이야기합니다. "저로서는 그가 잃어버릴 수 없는 지위, 언제나 그를 영광스럽게 만들 지위를 그에게 주려고 하는 것입니다. 그를 인간의 신분에 올려놓으려는 것이지요."(3권) 교육이 "인간을 만드는 기술"이라는 문장에는 이 같은 의미가 담겨 있습니다. 루소가 말하는 교육은 역설적으로 한 사람이 사회적 지위나 성취를 잃었을 때 그 효과를 측정해 볼 수 있습니다. 그때 맨 얼굴을 지닌 인간으로서 진면목이 드러난다고 보았습니다. 그것은 흔히 말하듯 실패를 극복하려는 굳은 의지가 아니라, 실패도 성공도 아닌 자리에다 자신의 근거를 마련하면서 살아가는 데 있습니다.

> 왕관을 잃고 그것 없이도 지내는 사람은 그때 왕좌보다 더 높은 곳에 있다. (…) 그는 자기 자신 외에 그 무엇에도 빚지지 않는다. 그리하여 보여 줄 것이라곤 자기 자신밖에 남지 않았을 때 그는 전혀 무가치하지 않다. 그는 대단한 사람이 된 것이다. ─(제3권)

새로운 교육이 필요한 세상

출생이 곧 운명인 세상이 그 끝을 향하던 무렵 루소는 태어났습니다. 루소는 정식 교육을 받진 못했지만 시계공인 아버지 세대와 달리 글을 쓰면서 살 수 있었습니다. 이런 변화는 근대라는 새로운 시대에 다가서면서 가능했습니다. 그리고 1789년의 프랑스 대혁명으로 이런 변화가 더욱 속도를 냅니다. 프랑스 대혁명에서 만인의 자유와 평등이 선포되면서 이 같은 권리를 뒷받침할 수 있는 공교육 개혁도 시도됩니다.

루소 이후 많은 학자들이 루소가 『에밀』에서 수놓은 아이디어를 수정하고, 발전시키고, 반박하면서 교육학이라는 독립적인 학문 분야를 만들었습니다. 우리가 지겹도록 들어온 사회화 과정, 생계 수단 마련, 자아실현 등으로 요약되는 근대 교육의 이념은 그런 식의 과정

을 거쳐 다듬어졌습니다. 파격적이었던 모유 수유 권장이나 소질과 적성의 계발 같은 주장도 익숙하다 못해 진부해졌습니다.

유감스럽게도 우리가 발 딛은 이곳은 더 이상 이념과 제도로서 교육이 기능하지 않는 듯합니다. 18세기 교육의 주체가 교회에서 국가로 넘어오면서 등장하고 이후 학교 제도로 공고해진 공교육 개념이 21세기 한국에서는 그 수명을 다했습니다. 한 사람의 의지와 노력보다 어느 동네에서 나고 부모의 사회·경제적 지위가 어떠냐에 따라 미래가 결정되는 세상이 되었습니다. 모두가 "개천에서 용 난다."는 말이 실현 불가능하다는 것을 알고 있습니다. 학교의 종말, 교실의 붕괴 같은 현상들이 그 증거입니다. 어떤 학자들은 이를 가리켜 '새로운 중세의 도래'라고도 합니다.

이제 우리에게는 새로운 교육의 개념이 필요합니다. 아직까지는 뿌옇고 흐릿하지만, 낡은 것의 죽음은 그 속에 새로운 것의 탄생을 내포하고 있습니다. 루소의 『사회계약론』이 왕정에서 벗어나 근대 국민 국가 체제를 만드는 데 기여했지만, 세계화 시대에 국가의 위상이 애매해지는 상황과도 맥이 닿아 있습니다. 나는 섣부른 대안을 제시하기보다 『에밀』 가운데서 여전히 참고할 만하다고 여겨지는 부분들을 발췌해서 소개하고자 하였습니다.

◉

왕관을 잃고 그것 없이도 지내는 사람은

그때 왕좌보다 더 높은 곳에 있다.

(…) 그는 자기 자신 외에

그 무엇에도 빚지지 않는다.

그리하여 보여 줄 것이라곤 자기 자신밖에

남지 않았을 때 그는 전혀 무가치하지 않다.

그는 대단한 사람이 된 것이다.

◉

진실을 품은 자
운명 앞에서 용감하라

소포클레스 · '오이디푸스 3부작'

박정수

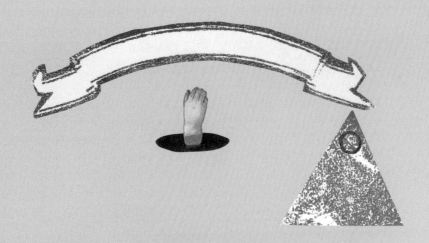

운명은 끝이 아니라 시작이다

멀리 헤매는 희망은

숱한 사람들에게 위안이 되지만

많은 사람들에게 들뜬 욕망의 미끼도 된다네.

그래서 더러 아무 영문도 모르고 있다가

뜨거운 불에 발을 데게 된다네.

누군가 현명하게도 이런 유명한 말을 했지.

신께서 그 마음을 재앙으로

인도하시는 자에게는 언젠가

악도 선으로 보인다고.

—「안티고네」코러스

고대 그리스 비극의 등장인물 중 오이디푸스만큼 유명한 이도 드물

겁니다. 소포클레스(Sophocles, 기원전 496~기원전 406)의 대표작 「오이디푸스 왕」의 주인공인 그는 이름부터 운명적입니다. 발(pod)이 부어서(oidein) '오이디푸스'란 이름을 갖게 되었는데, 그렇게 된 사연이 참 기막힙니다.

그를 낳은 부모는 테베의 왕 라이오스와 왕비 이오카스테입니다. 라이오스는 장차 태어날 아들로부터 살해당할 거라는 아폴론의 신탁(신에게 들었다는 예언)을 듣고 태어난 지 사흘밖에 안 된 아기의 발을 묶어서 산속에 버렸습니다. 그 심부름을 한 양치기는 차마 아기를 버리진 못하고 이웃 나라 코린토스의 양치기에게 주었습니다. 그 양치기는 자기 나라의 왕에게 바쳤지요. 마침 아들이 없던 코린토

소포클레스 고대 그리스 3대 비극시인의 한 사람으로, 콜로노스에서 태어나 아테네에 머물면서 정치 활동도 활발히 했다. 비극 120여 편을 지었다고 기록되어 있지만, 일곱 작품만이 남아 있다. 로마 라테란 박물관에 있는 소포클레스 조각상.

스의 왕 폴리보스는 아기의 발이 부은 걸 보고 '오이디푸스'란 이름을 짓고 아들로 삼았습니다.

코린토스의 왕자로 자란 오이디푸스는 어느 잔칫날 술 취한 사내 한테 자기가 폴리보스의 친아들이 아니라는 얘기를 듣고 의심이 생겨 아폴론에게 물으러 갑니다. 거기서 그는 출생의 비밀 대신 자기가 아버지를 죽이고 어머니와 결혼해서 차마 볼 수 없는 자식을 낳게 될 거라는 운명의 신탁을 듣습니다. 너무 놀란 오이디푸스는 부모의 나라 코린토스를 피해서 비운의 신탁이 실현되지 않을 반대 방향으로 달아났습니다.

그렇게 방황하던 중 오이디푸스는 라이오스 왕의 마차와 길 다툼을 하게 됩니다. 신중했으면 좋았을 것을, 끔찍한 신탁으로 심란한 그는 화를 참지 못하고 그만 라이오스 왕을 죽여 버립니다. 아버지를 죽일 것이라는 첫 번째 예언이 실현된 거죠. 방황하던 오이디푸스는 테베 입구에 이르고, 거기서 그 유명한 스핑크스의 수수께끼를 풀게 되지요. 스핑크스의 재앙으로 고통받던 테베를 구한 공로로 라이오스의 왕좌와 왕비를 물려받습니다. 자신의 친어머니인 줄은 꿈에도 생각지 못한 그는 왕비 이오카스테와 결혼하여 비운의 자식들을 낳게 됩니다.

아버지를 죽이고 어머니와 결혼하여 자식까지 낳다니! 정말 끔찍한 이야기죠? 물론, 알고 그런 게 아니라 모르고 그런 겁니다. 그러니까, 오이디푸스는 사악한 사람이 아니라 불운한 사람입니다. 성격 때

문이 아니라 신의 간계, 즉 운명 때문에 친부 살해와 근친상간의 죄에 걸려든 거죠.

고대 그리스 비극은 이처럼 인간의 의지로도 어찌할 수 없는 운명을 보여 줍니다. 이해할 수 없는 재앙의 책임을 운명에 떠넘김으로써 삶을 지속할 힘을 얻으려 한 겁니다. 물론, 정신이 허약한 이들은 운명에 짓눌려 삶의 의지를 내려놓겠지만, 고대 그리스인들은 우연과 필연의 주사위 놀이를 하듯, 운명을 감당할 만한 의지를 가진 사람들이었습니다.

오이디푸스도 마찬가지입니다. 아버지를 죽이고 어머니의 자식을 낳다니! 어떻게 이런 일이! "비통한 것 중에서도 비통한 것이 있다면 그것이야말로 오이디푸스의 운명이다."라며 울부짖지만 그렇다고 자살하거나 죄의식에 사로잡히지 않고 삶의 의지를 불태웁니다.

「오이디푸스 왕」에서 중요한 것은 오이디푸스에게 일어난 비운의 사건 자체가 아니라, 그가 자신의 운명을 어떻게 만나게 되는지, 그 후에 어떻게 삶을 이어 가는가 하는 점입니다. 그래서 「오이디푸스 왕」에 이어 남은 인생을 그가 어떻게 살았는지를 그린 「콜로노스의 오이디푸스」와 오이디푸스의 운명을 이어받은 딸 안티고네의 이야기 「안티고네」까지 함께 읽어야 이 비극의 참뜻을 이해할 수 있습니다.

오이디푸스의 비통한 운명에만 집중하면 '운명은 아무리 해도
피할 수 없다.'거나 '무의식 속에서 인간은 모두 친부 살해와 근
친상간의 죄를 범하고 있다.'는 등의 주제만이 떠오릅니다.
인간의 한계와 죄를 생각하는 것이지요. 하지만 '오이디
푸스 3부작'이라 불리는 「오이디푸스 왕」, 「콜로노스
의 오이디푸스」, 「안티고네」를 연결해서 읽으면
우리는 인간의 위대함과 용기를 발견할 수 있
습니다.

운명은 수수께끼 같다

「오이디푸스 왕」은 오이디푸스의 탄생이 아니라 테베의 재앙에서부터 극이 시작됩니다. 오이디푸스가 테베의 왕이 되어 통치하던 어느 해 갑자기 테베에 역병이 돕니다. 사람들과 가축과 대지가 모두 메말라 죽어 갑니다. 오이디푸스는 관습대로 델포이의 아폴론 신전에 사람을 보냅니다. 아폴론의 신탁에 따르면, 전왕인 라이오스를 살해한 범인이 테베에 있으며 그를 찾아 복수하기 전까지 재앙은 계속된다는 겁니다. 오이디푸스 왕은 라이오스 살인 사건의 재수사를 명하고 범인을 테베에서 영원히 추방할 것을 맹세합니다.

이 비극은 운명의 일대기가 아니라 범인을 찾는 추리소설의 형식을 띱니다. 다시 말해서, '오이디푸스가 어떻게 아버지를 죽이고 어

머니와 결혼하게 될 것인가?'가 아니라 '오이디푸스는 그 진실을 어떻게 알게 되는가? 진실을 알고 나서 그가 어떤 반응을 보일까?'를 중심으로 이야기가 전개됩니다.

그런데 그 진실은 한 예언자의 입을 통해 의외로 일찍 폭로됩니다. 오이디푸스는 라이오스 살해범을 찾기 위해 테베의 이름난 예언자인 테이레시아스를 부릅니다. 라이오스 살해범을 알면 부디 얘기해 달라고 부탁하지만, 테이레시아스는 거절합니다.

> **오이디푸스**　우리 운명은 그대에게 달렸소. 수단과 힘을 다해 남을 돕는 것보다 더 고상한 일이 어디 있겠소.
>
> **테이레시아스**　아아, 슬프도다! 지혜로운 자에게 지혜가 아무 쓸모 없는 곳에서 지혜롭다는 것은 얼마나 괴로운 일인가! 잘 알면서 내가 왜 잊었던가! 그렇지 않았다면 예까지 오지 않았을 텐데.

테이레시아스는 신의 뜻을 헤아릴 정도로 지혜가 뛰어납니다. 하지만 이번 일에 대해 그의 지혜는 아무 쓸모가 없습니다. 오이디푸스의 운명을 알고 있지만, 그걸 말한다고 해도 오이디푸스가 믿지 않을 게 뻔하니까요. 그래서 말을 안 하겠다고 하니까 오이디푸스는 화가 나서 오히려 테이레시아스를 의심합니다. 그렇게 옥신각신하다가 오이디푸스는 결정적으로 테이레시아스의 자존심을 건드립니다.

오이디푸스　자. 말해 보시오. 대체 어디서 그대는 자신이 진정한 예언자임을 보여 주었소? 저 어두운 노래를 부르는 암캐가 이곳에 나타났을 때, 왜 그대는 이 나라 백성을 구하기 위해 아무 말도 하지 않았지요? 그 수수께끼로 말하자면 아무나 풀 수 있는 것이 아니었고, 거기에는 예언술이 필요했소.

그래서 테이레시아스는 홧김에 아폴론의 신탁을 말해 버립니다. 오이디푸스가 말한 "어두운 노래를 부르는 암캐"가 뭔지 아세요? 바로 스핑크스를 가리킵니다. 사람 머리에 사자 몸을 한 스핑크스는 테베 시에 수수께끼를 내고, 그걸 풀기 전까지 계속 사람을 제물로 바칠 것을 강요했습니다. 스핑크스의 수수께끼가 어떤 건지 알죠? '아침에는 다리가 넷, 낮에는 둘, 저녁에는 셋인 것은?' 네, 답은 '인간'입니다.

많은 사람들이 제물로 바쳐지는 동안 왜 아무도 그 수수께끼를 풀지 못했을까요? 물론, 아무도 오이디푸스만큼 지혜롭지 못했기 때문입니다. 오이디푸스는 확실히 지혜로운 자이며, 그 지혜로 테베를 훌륭하게 다스린 것으로 나옵니다. 그런데 다른 사람은 그렇다고 쳐도, 신만큼이나 지혜롭다는 테이레시아스는 왜 그 수수께끼를 못 풀었을까요?

문제는 지혜의 양이 아니라 지혜의 종류입니다. 테이레시아스의 지혜와 오이디푸스의 지혜는 질적으로 다릅니다. 스핑크스의 수수께

오이디푸스와 스핑크스 고대 그리스 그릇에 새겨진 오이디푸스와 스핑크스의 모습(기원전 470년경 제작). 오이디푸스는 스핑크스의 수수께끼를 풀어 테베를 재앙에서 구한다.

끼를 곰곰이 보면 '자연'(혹은 신)에서 그 답을 찾으려는 자는 오답의 함정에 빠진다는 걸 알 수 있습니다. 아침에는 다리가 넷이었다가 낮에는 둘이었다가 저녁에는 다시 셋이 되는 생명체(괴물?)를 자연에서는 절대 찾을 수 없습니다. 새소리로부터 세계의 비밀(미래의 일까지)을 알아맞히는 지혜를 가진 테이레시아스가 스핑크스의 수수께끼를 풀 수 없는 이유가 여기 있습니다. 스핑크스의 수수께끼는 자연에 대한, 혹은 미래에 대한 지혜로 풀 수 있는 것이 아니기 때문입니다. 그

수수께끼는 오이디푸스가 지닌 종류의 지혜로만 풀 수 있습니다.

오이디푸스의 지혜는 신에게서 진실을 찾는 신학도 아니고, 자연의 진실을 찾는 자연학도 아닙니다. 그것은 인간에게서, 자기 자신에게서 진실을 찾는 지혜입니다. 오이디푸스가 스핑크스의 수수께끼에 '인간'이란 답을 내놓을 수 있었던 건 수수께끼를 받아 푸는 자기 쪽으로 지혜의 방향을 돌렸기 때문입니다. 그러니까 오이디푸스는 스핑크스의 수수께끼를 '너 자신은 누구인가?'라는 물음으로 재해석하고 '인간'이란 답을 찾아낸 것입니다.

소포클레스의 시대, 즉 기원전 5세기 그리스에서는 자연(신)에서 진실을 찾는 자연학(주술)로부터 인간 자신에게서 진실을 찾는 철학이 분리되었습니다. 소포클레스는 자신의 조국인 아테네가 주술, 혹은 예언적 지혜가 아니라, 철학적 지혜로 통치하는 나라라는 자긍심을 갖고 있었습니다. 또 오이디푸스의 운명을 점지한 델포이의 신전에는 "너 자신을 알라!"라는 문구가 새겨져 있었습니다. 델포이의 신탁이 세상에서 가장 지혜로운 자로 지명한 소크라테스의 좌우명도 '너 자신을 알라.'입니다.

하고많은 지혜로운 이들을 두고 왜 하필 소크라테스를 가장 지혜로운 자라고 했을까요? 그건 바로 아폴론이 고대 그리스의 통치 이성을 대변하는 신이고, 그 통치 이성의 근본이 자기에게서 진실을 찾는 지혜이기 때문입니다. 자기에게서 진실을 찾는 지혜로 자기 삶을 통치하고 나라를 통치해야 한다는 것이 소크라테스의 생각이고, 소포

클레스의 생각이고, 오이디푸스의 생각입니다.

자기에게서 진실을 찾는 자, 그것이 오이디푸스의 사명이자 운명입니다. 그 사명으로 스핑크스의 수수께끼를 풀어 테베의 통치자가 되었고, 그 운명으로 자신을 향한 수사를 하게 된 것입니다. 자기가 쫓는 범인이 자기 자신이며, 자기가 살해한 자가 자기 친아버지임이 점점 분명해질 때 오이디푸스는 어떻게 할까요? 여러분이라면 어떻게 할 건가요?

오이디푸스 이만큼 실마리가 잡혔는데도, 내 출생을 밝혀내지 않고 내버려 둘 수는 없소.

이오카스테 제발 당신의 목숨을 소중히 여기시거든 그렇게 들춰내는 일은 그만두세요. 나는 괴로워 못 견디겠어요.

오이디푸스 염려 마시오. 내 어머니가 노예이고 내가 삼 대째 노예로 밝혀지더라도, 당신이 천민으로 드러나지는 않을 테니 말이오.

이오카스테 제발 내 말 들으세요. 부탁이에요. 더는 들춰내지 마세요.

오이디푸스 진실을 분명히 밝히지 말라는 당신 부탁을 들어줄 수 없소.

이오카스테 저는 좋은 뜻에서, 당신에게 최선의 조언을 하는 거예요.

오이디푸스 당신의 '최선의 조언'이 아까부터 나를 괴롭히고 있소.

이오카스테 오오. 불운하신 분. 당신은 자신이 누구인지 알게 되지 않기를!

오이디푸스 (…) 알지 않고는 못 배기겠다.

범인의 윤곽이 뚜렷해질수록 오이디푸스는 불안해집니다. 범인의 얼굴이 자신과 일치하기 때문이죠. 그럼에도 그는 끝까지 자기에 관한 진실을 들춰냅니다. 이오카스테가 권유한 것처럼, 더 이상 들춰내지 않고 덮어 버릴 수도 있는데 말이죠. 그는 왕이니까, 감히 누구도 그에게 진실을 요구하지는 못할 텐데 오이디푸스는 그러지 않았습니다. 그는 왕이니까, 테베를 재앙에서 구해야 하니까, 설사 그 진실이 자신을 파멸시킬지라도, 그는 진실을 말하게 합니다.

그런데 그 진실은 실은 오이디푸스 자신이 이미 알고 있던 것입니다. 자기 출생의 비밀을 듣기 위해 델포이 신전에 갔을 때 그는 자신이 아버지를 죽이고 어머니와 동침하게 될 운명이라는 신탁을 들었습니다. 그 예언을 피하려고 코린토스와 반대 방향으로 도망간 것이고, 그 도중에 라이오스를 만나 죽이고 테베의 왕이 되어 이오카스테와 결혼하게 된 거죠.

그러니까 오이디푸스의 운명이 실현된 것은 운명의 신탁을 미리 알고 피하려고 했기 때문입니다. 그 전에 라이오스 역시 델포이의 신

탁으로부터 자신이 아들에게 죽임을 당할 운명임을 알고 있었습니다. 그래서 아들을 버린 것이고, 아버지를 모르고 자란 아들 손에 죽임을 당한 거죠. 만약, 운명의 신탁을 듣지 못했다면 그 부자父子는 한 집에서 살았을 것이고, 죽도록 싸우는 일도 없었을 것이고, 같은 여자를 아내로 두는 일도 없었을 겁니다. 서로를 모르니까 그렇게 된 거죠.

역설적으로 그들이 서로를 모르게 된 건 그들이 운명의 신탁을 들었기 때문입니다. 즉, 미리 알고 피하려는 그들의 자유의지가 그들의 운명을 실현시킨 결정적 계기가 된 것입니다. 그렇게 유도한 아폴론이란 신은 참 교활하죠? 오이디푸스 이야기의 교훈은 운명은 피할 수 없다는 것이 아닙니다. 오히려, 운명이란 수수께끼와 같아서 그것을 듣고 푸는 자기 자신의 의지와 실천에 의해 비로소 실현된다는 교훈이 담겨 있습니다.

운명에는 죄가 없다

길 다툼을 하다가 죽인 남자가 자기 아버지이며, 결혼하여 자식까지 둔 여자가 자기 어머니라는 진실을 알게 된 오이디푸스는 어떻게 할까요? 여러분이라면 어떻게 하겠습니까? 어떻게 하는 게 진실한 태도일까요? 죄의식에 사로잡혀 자살할 수도 있고, 모르는 일이라며 잡아뗄 수도 있겠죠.

우선, 오이디푸스는 자기 눈을 칼로 찌릅니다. 테이레시아스가 장님인 걸 조롱하던 그가 이제 스스로를 장님으로 만든 겁니다. 자기 눈을 찔러 멀게 한 것에는 어떤 의미가 있을까요? 보고도 보지 못한 눈에 벌을 내린 것이고, 다른 한편으로는 "눈이 보인들 무엇하나. 즐거운 것이라곤 없는데." 하는 비통한 마음입니다.

여기서 오이디푸스가 자살하지 않고 단지 눈을 찔렀다는 점을 주

목해야 합니다. 실제로 익명의 친구 역할을 하는 코러스가 "장님으로 사느니 죽는 것이 더 낫지 않으냐."라고 했을 때 오이디푸스는 그런 조언 따위는 사양하겠다면서 이렇게 말합니다.

오이디푸스 친구들이여, 아폴론, 아폴론, 바로 그분이오. 내게 이 쓰라리고 쓰라린 일이 일어나게 하신 분은. 하지만 내 이 두 눈은 다른 사람이 아닌 가련한 내가 손수 찔렀소이다.

눈을 찌른 것은 보고도 보지 못한 어리석음에 대한 자책이지 친부 살해와 근친상간에 대한 죄의식이 아닙니다. 물론 살인과 결혼은 자기가 한 일이지만 부모인 줄 모르게 한 건 아폴론입니다. 신에게 책임을 돌린다고 불경하다고 할 사람도 있겠지만, 오히려 신이 한 일의 책임을 자기가 지겠다는 태도야말로 불경하다 할 수도 있죠. 다른 한편, 오이디푸스는 자기 눈을 찌른 건 신의 뜻이 아니라 자유의지임을 분명히 합니다. 즉, 그것은 자기가 자기에게 주는 징벌이지 신의 뜻에 따른 죄의식 때문이 아니라는 것입니다.

신의 몫과 자기 몫을 분명하게 나누는 태도는 자신의 추방을 결정할 때도 분명히 나타납니다. 눈을 찌른 뒤 오이디푸스는 약속한 대로 자신을 테베 바깥으로 추방시켜 달라고 합니다. 하지만 테베의 새로운 실권자가 된 처남, 크레온은 "어떻게 해야 할지 먼저 신에게 물어보겠다."라고 합니다. 오이디푸스가 딸과 함께 있겠다고 할 때도 크

레온은 당신 뜻대로 할 수 있는 게 아니라며 "매사에 지배하려 들지 말라."고 윽박지릅니다. 크레온에게 신은 자기 결정을 억누르는 존재입니다. 그러나 오이디푸스에게 신의 의지는 자유의지와 대립하거나 합치될 뿐 자유의지 자체를 억누르지 않습니다.

「콜로노스의 오이디푸스」는 테베에서 추방된 오이디푸스가 콜로노스에서 죽음을 맞이하는 이야기입니다. 이 비극에서 오이디푸스는 테베에서 추방된 걸로 나옵니다. 「오이디푸스 왕」에서 오이디푸스의 추방은 아직 결정되지 않았습니다. 오이디푸스는 비통한 심정에 자신을 즉각 추방시키라고 했지만 크레온은 그 말을 듣지 않고 방치하고 있었습니다. 「콜로노스의 오이디푸스」에 따르면, 세월이 흘러 오이디푸스가 "내 고통도 모두 가라앉고 내가 홧김에 지난날의 과오를 너무 지나치게 벌주었다고 느끼기 시작했을 그때서야" 크레온은 오이디푸스를 추방했습니다.

세월이 흘러 격정이 가라앉은 오이디푸스는 자신은 죄를 지은 게 아니라 비운의 사고를 당한 것이라고 확신합니다.

> **오이디푸스**   나는 최악의 재앙을 당했소. 이방인들이여. 본의 아
> 닌 행위들에 의해—신들께서는 내 증인이 되어 주소서—당한
> 것이오. 그 어느 것도 내가 선택한 것은 아니었소.

친부 살해와 근친상간의 책임을 신에게 돌리면서, 자신은 사고를

'당한' 것이지 죄를 '범한' 게 아니라는 겁니다. 신에게 책임을 지우는 게 어찌 보면 불경스럽다 할 만한데, 폴리보스의 신은 그렇게 여기지 않습니다. 아폴론은 오이디푸스에 관한 새로운 신탁을 내립니다. 누구든 오이디푸스의 여생과 무덤을 보호해 주는 자에게 신의 가호가 있을 거라는 신탁을 내린 것입니다. 「콜로노스의 오이디푸스」는 그에게 내린 신의 가호를 누가 가질 것인가, 누가 오이디푸스의 무덤을 보호할 것인지를 두고 벌어지는 갈등을 그린 작품입니다.

결론부터 말하면, 오이디푸스의 무덤은 테베가 아니라, 콜로노스, 즉 아테네에서 보호됩니다. 콜로노스에 오이디푸스의 무덤이 있다는 전설을 근거로 소포클레스는 그렇게 된 연유를 상상해서 한 편의 비극으로 꾸민 것입니다. 델포이의 신탁대로 오이디푸스의 무덤이 있는 아테네에 신의 가호가 있다는 믿음이 투영된 거죠. 자신의 조국, 아테네에 대한 소포클레스의 사랑과 자긍심이 느껴지지요. 이 비극에서 오이디푸스를 환대한 통치자는 테세우스입니다. 테세우스는 미궁의 반인반우 미노타우로스를 물리친 전설적인 영웅입니다. 그는 온갖 모험 끝에 아테네의 왕이 되어 군주정을 폐지하고 민주정을 도입한 것으로 유명합니다. 오랜 유랑 생활로 지친 오이디푸스가 환대를 요청하자 테세우스는 이렇게 말합니다.

테세우스　　　나는 나도 그대처럼 이방인으로 자랐으며, 혈혈단신으로 목숨을 걸고 이국땅에서 수많은 위험과 싸웠음을 명심하고

테세우스 그리스.신화에 나오는 아테네의 영웅으로 크레타 섬의 미궁에서 미노타우로스를 물리쳤다.
「테세우스와 미노타우로스」 부분(1500년대 초반 작품).

있소이다. 그래서 나는 지금 그대 같은 이방인이라면 누구에게
도 돌아서거나 보호해 주기를 거절하지 않을 것이오.

　테세우스의 아버지는 아테네의 왕이었지만 테세우스는 아테네의
왕자로 자라지 못했지요. 먼 이국땅에서 평민으로 자라 온갖 시련과
모험 끝에 아테네 왕의 후손임을 인정받아 왕이 되었습니다. 타고난

신분 의식이 아니라 자유민으로서의 자기 의지와 모험 정신이 충만했기에 민주정을 도입했다고 볼 수 있습니다. 또한 자기 자신이 오랫동안 '이방인'으로 살았기 때문에 테세우스는 이방인에 대한 편견과 차별 의식을 갖지 않았습니다. 이런 환대의 정신 역시 신분이 높거나 부유하지 않아도 자유로운 존재라면 어느 누구라도 영토 안에서 살 수 있고 발언할 수 있는 민주주의의 기본 정신과 맞닿아 있습니다.

테세우스의 이런 정신은 크레온과 대조됩니다. 테베의 실권자가 된 크레온은 오이디푸스에게 신성한 권위가 부여되었다는 얘기를 듣고 콜로노스로 찾아옵니다. 물론, 오이디푸스를 데려가려는 것이지요. 완강히 저항하는 오이디푸스와 억지로라도 데려가려는 크레온 사이에 다툼이 일어나자 테세우스가 끼어듭니다. 왜 자신의 영토 안에서 무도한 횡포를 부리느냐는 테세우스에게 크레온은 이렇게 말합니다.

크레온　　　나는 그대들의 나라에는 지혜로운 아레이오스 파고스가 있어, 그것이 이런 부랑자들에게 도시에서 함께 사는 것을 허용치 않을 줄 알았소이다. 그것을 믿고 나는 이번 포획에 나섰던 것이외다.

아레이오스 파고스란 인류 최초의 법정이 열렸던 곳으로, 오늘날까지 '법의 정신'을 대변하는 곳입니다. 크레온은 "부랑자들에게 도시에서 함께 사는 것을 허용치 않는" 것이 법의 정신이라고 생각한

것입니다. 부랑자라고, 시민권이 없다고 무조건 내치는 것이 과연 법의 정신일까요?

국가의 안녕을 최우선의 가치로 두는 국가주의에 따르면 그럴지 모르지만 민주주의는 그렇지 않습니다. 민주정에서 법이 수호하는 것은 국가 질서 자체가 아니라 진실과 정의입니다. 진실과 정의는 정해진 게 아닙니다. 진실과 정의를 추구하는 사람들의 말과 실천을 통해 끊임없이 찾아져야 하는 가치입니다. 그래서 민주주의에서 가장 중요한 가치는 '진실을 말할 자유'입니다. 테세우스가 오이디푸스를 보호하는 것도 그가 진실을 말할 자유를 요청하기 때문입니다.

이방인을 배척하는 크레온의 태도는 오이디푸스의 죄에 대한 태도와도 밀접하게 연관되어 있습니다. 오이디푸스를 강압적으로 "포획"하려고 하면서, 그는 오이디푸스를 "아버지를 살해하고 어머니와 동거하는 가장 부정不淨한 결혼을 한 것으로 드러난 불경한 자"라고 비난합니다. 이에 대해 오이디푸스는 자신의 살인은 아버지인 줄 모르고 한 정당방위였고 자신의 결혼은 어머니인 줄 모르고 이루어진 왕권 계승의 일환이었기에 친부 살해와 근친상간의 '죄'를 지은 게 아니라고 주장합니다. 또한 "본의 아닌 그런 행위들"이 일어나게 만든 "신들께서 내 증인이 되어" 줄 것이라며 자신은 신 앞에서도 "불경한 자"가 아니라고 주장합니다. 여러분은 누구 의견에 동의하시나요?

크레온이 오이디푸스를 "불경한 자"로 여길 때 그는 행위의 죄에 앞선 존재론적 차원의 죄를 상정한 겁니다. 비록 본의 아니게 일어난

행동들일지라도 오이디푸스의 존재 자체가 운명적인 죄로 물들어 있다는 거죠. 어떤 범죄를 저지르지 않더라도 부랑자는 있지 말아야 할 곳에 있기에 법에 의해 추방되어야 한다는 주장과 같은 맥락이죠.

반면에, 오이디푸스는 죄는 오직 자유의지에 따른 행위에 대해서만 물어야지 운명과 실존 자체에 죄를 씌워서는 안 된다고 주장합니다. 실존과 운명에는 한 방울의 죄도 묻어 있지 않다는 거죠. 상속받은 신분에 따라, 상속받은 부유함에 따라, 상속받은 시민권에 따라 사람의 존재 가치와 발언권을 평가하지 않는 것이 민주주의의 기본원칙이라면, 오이디푸스의 운명적 실존을 불경하다 평가하는 크레온의 태도는 민주주의를 정면으로 반대하는 태도라 할 것입니다.

자유의지가 아니라, 타고난 존재 조건을 중시하는 크레온의 태도는 오이디푸스에게 테베로 돌아가자고 설득하는 근거에서도 나타납니다.

크레온   그대가 도시와 그대의 조상들의 집에 돌아가기로 결심함으로써, 먼저 이 도시에 다정하게 작별 인사를 하시오. 이 도시는 그럴 가치가 있소. 하지만 전에 그대의 유모였던 고향 도시는 더 존중받아 마땅하오.

크레온에게 오이디푸스가 테베로 돌아가야 하는 이유는 테베가 오이디푸스를 낳고 기른 "유모였던 고향"이기 때문입니다. 불경스럽다고 추방해 놓고, 오이디푸스의 무덤에 부여된 신의 가호가 탐나서 되

돌아가자고 하는 게 '진실하지' 못하다고 스스로 느낄 만도 합니다. 하지만 크레온은 진실함의 가치보다 '조국'이 더 중요하다고 생각합니다. 게다가 크레온은 여전히 오이디푸스를 불경한 자라고 여기기에 그를 테베 국경 안으로 데려올 마음이 없습니다. 단지 국경 가까운 곳에 데려다 놓고 죽으면 거기에 무덤을 만들려는 겁니다. 오이디푸스 같은 '불경한 죄인'을 데려오기도 싫고, 그렇다고 오이디푸스의 무덤에 부여된 신의 가호를 포기할 수도 없어서 택한 절묘한(?) 계책입니다.

진실하지 못하다는 건 이처럼 생각과 행동에 일관성이 없다는 것입니다. 그런 의미에서 크레온은 진실하지 못합니다. 만약 크레온이 진실한 사람이었다면, 그래서 지난날 자기가 오이디푸스를 추방한 건 잘못이었고, 지금이라도 잘못을 되돌리기 위해서 고향 테베로 정중히 모시겠다고 설득했다면, 오이디푸스는 동의했을 수도 있겠죠. 하지만 무엇보다 진실을 추구하는 오이디푸스는 크레온의 진실하지 못한 말과 행동에 분개하며 그의 제안을 뿌리칩니다.

그래서 크레온은 뜻을 이루지 못하고 돌아갑니다. 크레온이 돌아간 후 이번에는 오이디푸스의 첫째 아들, 폴리네이케스가 옵니다. 그도 신의 가호가 필요했기 때문입니다. 그는 동생 에테오클레스와의 왕권 다툼에서 밀려났습니다. 동생이 백성들에게 인기가 더 많았거든요. 맏아들인데도 밀려난 게 분해서 그는 아르고스로 망명하여 동맹군을 모아 테베를 공격하려 합니다. 오이디푸스를 보호하는 자만

「콜로노스의 오이디푸스」 맏아들 폴리네이케스와 두 딸이 오이디푸스에게 테베로 돌아갈 것을 간청하고 있다. 장 앙투안 테오도르 지루스트의 1788년 작품.

이 신의 가호 아래 승리할 수 있다는 소문을 듣고 오이디푸스를 데리러 온 겁니다. 하지만 오이디푸스는 크레온에게 했던 것처럼 폴리네이케스에게도 불같이 화를 내며 내칩니다.

오이디푸스　나를 도울 수도 있었던 내 아들 녀석들은 도우려 하지 않았어. 아니, 녀석들이 몇 마디 말도 해 주지 않았던 까닭에 나는 쫓겨나 쉴 새 없이 거지로 떠돌아다니고 있다. 그래서 나는 아직도

소녀들인 이들에게서 이들의 힘닿는 데까지 일용할 양식과 안전한 휴식처와 친족 간의 도움을 받고 있는 거야. 그런데 녀석들은 둘 다 아버지 대신 왕좌와 왕홀과 나라의 최고 권력을 택했어.

자신이 억지로 추방될 때는 수수방관하고, 추방되어 모진 시련을 겪을 때도 모른 척하다가, 정작 자기가 필요해지니까 찾아오는 태도가 진실하지 못하기 때문입니다. 폴리네이케스를 이렇게 염치없게 만든 이념은 무엇일까요? 그것은 '아버지는 당연히 아들을 사랑해야 한다.', '첫째 아들이 당연히 왕위를 물려받아야 한다.'는 생각입니다. 하지만 오이디푸스는 테베에서 추방될 때부터 이미 아들들을 마음속에서 지워 버렸습니다. 대신, 오욕과 시련에 빠진 자신을 지지하고 돌봐 준 두 딸, 특히 추방의 세월을 함께한 안티고네를 유일한 혈육으로 인정하고 사랑합니다. 미우나 고우나 아들인데, 너무하지 않냐고 할 사람도 있을 텐데요. 그런 생각은 미우나 고우나 조국인데 너무하지 않냐고 생각하는 국가주의자와 마찬가지라는 것이 오이디푸스의 생각입니다. 즉 진실하지 않은 아이들은 진정한 아들이 아니고, 정의롭지 않은 국가는 진정한 나라가 아니라는 것이지요.

그렇게 폴리네이케스도 내친 오이디푸스는 신의 부름인 천둥소리를 듣고 오직 테세우스만 대동한 채 스스로 자신의 무덤인 대지 속으로 걸어 들어갑니다.

사자使者   오이디푸스가 어떤 운명에 의해 세상을 떠났는지는 테세우스 그분 외에는 어떤 사람도 말할 수 없어요. 그때 오이디푸스를 사라지게 한 것은 불을 내뿜는 신의 번개도 아니고, 갑자기 바다에서 일기 시작한 폭풍도 아니니까요. 아니, 그것은 신들께서 보내신 사자使者이거나, 아니면 사자死者들의 세계가, 대지의 견고한 토대가 그분이 고통당하지 않도록 호의에서 열렸던 것이오. 그분의 호송은 비탄도, 질병도, 고통도 수반되지 않고, 어떤 인간의 그것보다 경이로운 것이었으니까요.

이 경이로운 죽음은 오이디푸스의 자유의지와 신의 의지, 즉 운명 간의 합일을 상징적으로 보여 줍니다. 그가 크레온과 폴리네이케스를 내친 것도 자신의 운명을 타인의 의지에 내맡기지 않기 위해서입니다. 오이디푸스의 무덤이 필요한 그들을 따라갔다면 그의 죽음도 그들의 의지에 휘둘리지 않겠습니까? 자신과 신 사이에 다른 누구도 두지 않을 때 우리는 자유의지의 주체가 될 수 있습니다. 그리고 타인의 권력에 예속되지 않은 그런 자유인들의 연합체가 민주주의를 실현하는 것이겠지요.

운명을 사랑하는 자는 용감하다

이렇게 해서 오이디푸스는 죽었습니다. 하지만 오이디푸스의 운명은 아직 끝나지 않았습니다. 「안티고네」를 오이디푸스 비극 3부작에 넣는 이유는 그의 딸 안티고네의 운명 속에서 오이디푸스의 운명이 반복되기 때문입니다. 안티고네는 오이디푸스의 맏딸입니다. 아니, 딸인 동시에 누이동생이기도 합니다. 같은 어머니의 자궁에서 태어났기 때문이죠. 혈연관계가 겹치듯이 두 사람의 운명은 분신分身처럼 겹쳐집니다.

안티고네　　그대는 내 가장 아픈 곳을 찌르는군요. 아버지의 악명 높은 파멸을. 이름난 랍다코스 가家 출신인 우리 모두의 운명을! 아아, 어머니의 침상에서 비롯된 재앙이여, 친자식인 내 아

「오이디푸스와 안티고네」 스스로 눈을 찔러 앞을 못 보는 오이디푸스를 그의 딸 안티고네가 돌보고 있다. 페르 가브리엘 비켄베르크의 1833년 작품.

버지와 불행하신 어머니의 동침이여! 그분들에게서 가련한 나는 태어났고, 그분들에게로 나는 지금 저주받고 결혼도 하지 못한 채 내려가고 있어요. 함께 살기 위해. 아아. 불행한 혼인을 하신 오라버니. 당신은 당신의 죽음으로 아직 살아 있는 나를 죽이셨어요!

결말부터 이야기하면, 안티고네는 오이디푸스가 그랬던 것처럼, 스스로 죽음 속으로 걸어 들어갑니다. 「안티고네」는 그녀가 오이디푸

146

스의 운명을 반복하며 스스로 죽음을 선택하게 된 과정을 그립니다. 이 비극의 실마리는 폴리네이케스와 안티고네가 콜로노스에서 한 약속에서 시작됩니다. 오이디푸스에게 내쳐진 폴리네이케스는 자신의 운명을 예감하며 자기가 죽으면 "나를 욕되게 하지 말고 묻어서 장례를 치러 다오."라고 안티고네에게 부탁합니다. 예감대로 폴리네이케스는 테베와의 전투에서 죽습니다. 테베 군을 이끈 에테오클레스도 함께 전사합니다. 이렇게 두 왕자가 모두 죽자 왕권은 그들의 숙부, 크레온에게 넘어갑니다.

왕위에 오른 크레온은 왕자의 난으로 혼란스러운 국가를 통합하고 애국심을 불어넣고자 합니다. 테베 편에서 싸운 에테오클레스는 성대히 장례 지내고, 테베를 침공한 폴리네이케스의 시체는 들판에 내버리지요. 그리고 폴리네이케스의 매장을 금지하는 법령을 알립니다.

왕의 법령으로 금지된 이 매장을 안티고네가 감행한 것이 비극의 실마리입니다. 안티고네는 공개적으로 폴리네이케스를 땅속에 묻습니다. 그녀 생각에 매장이 금지되어야 할 이유가 전혀 없기 때문입니다. 그녀는 두 번에 걸쳐 보란 듯이 오빠를 매장하고, 크레온 앞에 잡혀 와서도 당당하게 자신의 진실을 말합니다.

크레온 　거기 고개 숙이고 있는 너에게 묻겠다. 네 소행이라고 시인하느냐, 아니면 부인하느냐.

안티고네 　내 소행이라고 시인해요. 부인하지 않겠어요. (…)

내게 그런 포고령을 내린 것은 제우스가 아니었으며, 하계의 신들과 함께 사시는 정의의 여신께서도 사람들 사이에 그런 법을 세우지 않았으니까요. 나 또한 한낱 인간에 불과한 그대의 포고령이 신들의 변함없는 불문율들을 무시할 수 있을 만큼 강력하다고는 생각지 않았어요.

죽은 오라비에 대한 정 때문에 그랬다면 동정의 여지가 있을 텐데, 신들의 법(자연법)까지 거론하며 자신의 정당성을 주장하자 크레온은 분노합니다. 한낱 계집애 하나가 왕인 자신과 동등한 위치에서 진실을 논하겠다고 덤비니까 화가 안 날 수 없죠. 안티고네의 진실에 맞서 크레온이 내세운 첫 번째 근거는 국가의 안녕보다 높은 가치는 없다는 국가 지상주의입니다.

크레온   국민들에게 안전 대신 파멸이 다가오는 것을 보게 되면 침묵하지 않을 것이며, 또 조국의 적을 내 친구로 여기지 않을 것이기 때문이오. 내가 알기로, 우리를 지켜 주는 것은 조국 땅이며, 조국이 무사 항해해야만 우리가 진정한 친구를 사귈 수 있기 때문이오. 이런 원칙에 따라 나는 이 도시를 키워 나갈 것이오.

조국 테베의 관점에서 보면 에테오클레스는 애국자이고 폴리네이

케스는 매국노이기 때문에 똑같이 매장할 수 없다는 논리입니다. 이에 대해 안티고네는 국가의 관점보다 높은 게 신의 관점이고, 신의 관점에서 보면 폴리네이케스와 에테오클레스는 같은 혈연이라는 점에서, 같은 전사라는 점에서, 무엇보다 둘 다 죽은 자라는 점에서 달리 대할 이유가 없다고 주장합니다. 아무리 적이라도 전사한 이를 모욕하지 않는 것이 고대부터 이어져 온 불문율이고, 폴리네이케스의 시체를 모욕하는 것은 국가를 지키기 위한 어쩔 수 없는 선택이 아니라 '애국심' 고취를 위한 정치적 수단일 뿐이지요.

크레온이 내세운 또 다른 근거는 복종의 원칙입니다. 그는 "누구든지 나라가 임명한 자에게는 작은 일에서건 큰일에서건 바른 일에서건 그릇된 일에서건 복종해야 한다."라고 말합니다. 그래야 국가는 안정된 발전을 이룰 수 있다는 거죠. 이에 맞서 안티고네의 약혼자이자 크레온의 아들인

안티고네 폴리네이케스의 시체에 신주(신에게 바치던 술)를 붓고 있는 안티고네. 윌리엄 라인하트의 1870년 작품.

하이몬은 "자기만이 현명하고 말에서나 정신에서나 자기만 한 사람이 없다고 생각하는 사람은" 올바른 통치자가 아니며, "한 사람의 소유물이라면, 그건 국가가 아니"라고 주장합니다. 그는 테베 시민 대다수가 안티고네의 행위를 정당하다고 여기고 있으며, 시민들의 의견을 거스르고 복종을 강요한다면 그런 독재야말로 국가를 위태롭게 한다고 주장합니다.

진실에 따르고, 진실을 말하기 위해서는 반드시 '용기'가 필요합니다. 진실에는 위험이 따르기 때문입니다. 먼저 진실에는 외적인 위험이 따릅니다. 크레온처럼, 권력을 장악한 이들은 진실이 자신의 권력을 위태롭게 할 때 진실한 말을 하는 이를 탄압하곤 합니다. 심지어, 누구보다 진실을 소중히 여기는 오이디푸스조차 처음에 테이레시아스가 라이오스 살해에 관한 진실을 말할 때 화를 내며 테이레시아스를 사형시키겠다고 위협합니다.

또한 진실에는 내적인 위험이 따릅니다. 진실이 자신의 욕구와 생존을 위협할 때 진실을 버리고 생존의 욕구에 따르고픈 유혹을 떨치기는 정말 힘듭니다. 그런 안팎의 장애를 극복하기 위해서는 '용기'가 필요하죠. 그래서 예로부터 진실의 용기는 죽음을 불사하는 용기로 그려지곤 합니다. 안티고네에게서 발견할 수 있는 태도가 바로 이것입니다. 그녀는 왕의 법령을 어기고 오빠를 매장하기로 결심할 때부터 이미 죽음을 각오합니다.

안티고네　　나는 그분을 묻겠어. 그러고 나서 죽는다면 얼마나 아름다우냐? 그분의 사랑을 받으며 나는 사랑하는 그분 곁에 눕겠지. 경건한 범행을 하고 나서. 내가 이 세상 사람들보다 지하에 계신 분들의 마음에 들어야 할 시간이 더 기니까. 나는 그곳에서 영원히 누워 있게 될 테니 말이야.

안티고네는 죽음을 '각오'하는 수준을 넘어 죽음을 '소망'하는 것처럼 보입니다. "왕의 포고가 있건 없건, 어차피 나는 죽어야 할 몸이라는 것을 잘 알고 있"다는 말은 그녀가 죽음을 자신의 운명으로 받아들이고 있음을 보여 줍니다. 그녀는 자신의 운명이 죽은 오빠들, 즉 폴리네이케스와 에테오클레스, 그리고 (같은 자궁에서 태어났다는 점에서) 오이디푸스와 이어져 있다고 여깁니다. 그래서 죽은 오빠들을 따라 어머니의 품과 같은 대지의 심연으로 걸어 들어간 것입니다.

자기와 세계를 바꾸는 운명애

안티고네의 대사 중 잊히지 않는 말이 있습니다. "나는 서로 미워하기 위해서가 아니라 서로 사랑하려고 태어났어요."라는 대사입니다. 안티고네가 차별 없이 사랑한 것은 오라비들만이 아닙니다. 그녀는 공주로 태어난 행복한 운명뿐만 아니라 비통한 운명까지 사랑했습니다. 어찌할 수 없이 일어나는 게 운명이라면, 그리고 대다수의 사람들이 행복을 바란다면, 운명은 어찌할 수 없이 일어나는 불행의 모습으로 우리에게 다가옵니다. 아버지가 오라비라는 비통한 운명에 마주치고, 추방된 아버지와 함께 온갖 시련을 겪고, 오라비들의 죽음을 보듬고 그들을 따라 죽음 속으로 걸어가게 만든 건 자신의 운명에 대한 사랑 때문입니다.

제가 존경하는 사람 중에 '어깨꿈'이라는 별명을 가진 분이 있습니

다. '어차피 깨진 꿈'의 줄인 말입니다. 그분은 스물넷의 꿈 많은 나이에 행글라이딩 사고로 중증 장애인이 되었습니다. 사고 후 수년 동안 그는 방 안에 틀어 박혀 자기 운명을 한탄하다가 '노들'(노란들판)이라는 장애인 야학을 만들었습니다. 그때부터 지금까지 줄곧 장애인의 앎과 삶의 권리를 위해 싸워 왔습니다. 그 스무 해의 이야기를 회고하며 쓴 책『지금이 나는 더 행복하다』(책으로여는세상, 2013)에서 그는 이렇게 말합니다.

노들에서 보낸 밤의 시간은 지난날 아무 생각 없이 나의 즐거움

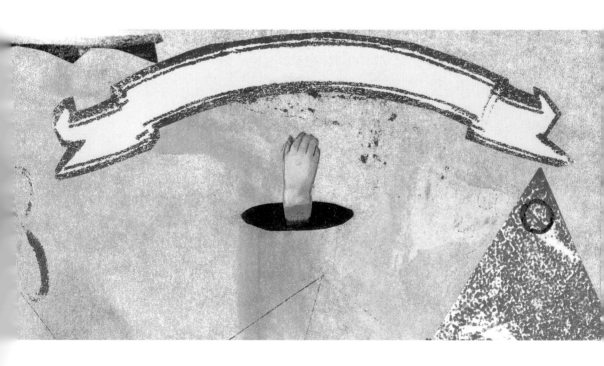

만 추구하던 날라리 인생의 꿈이 행글라이딩 사고로 처절하게 깨어진 뒤, 절망의 가장 밑바닥을 치고 올라오는 힘을 그 어둠 속에서 목격하는 시간이었습니다. 어둠 속에서 온몸으로 스며든 힘은 노들에서 나왔습니다. 어둠 속에서 볼 수 있었던 진실의 힘은 한 사람에게서 나오지 않았습니다. 수많은 사람이 그 힘을 만들어 왔습니다.

그가 장애인의 운명을 한탄하지 않고 사랑할 수 있었던 건 "진실의 힘" 때문입니다. '장애인'을 만든 건 사고가 아니라 사회라는 진실, '장애인'을 만드는 편견과 권력은 '비장애인'의 삶도 구속한다는 진실, 그 편견과 권력에 맞서 싸우는 것은 그래서 모든 '인간'을 위한 싸움이라는 진실, 수많은 사람들과 함께 찾아낸 그 진실이 장애인의 운

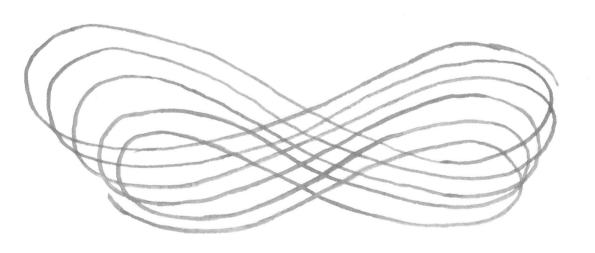

명까지 사랑할 수 있게 한 힘입니다.

　불행의 크기를 재는 척도는 없습니다. 우리는 저마다 세상에서 가장 큰 불행을 겪으며 살아갑니다. 진학에 실패했을 때, 직장에서 해고될 때, 원치 않는 이별을 해야 할 때……. 그 모든 예기치 못한 불행이 닥쳤을 때 우리는 그 불행의 원인과 책임에 대해 성찰해야 합니다. 그럴 때 이전에는 몰랐던 자기 자신과 세계의 진실과 대면하게 됩니다. 그 진실을 용감하게 받아들이고 그에 따라 진실하게 행동할 때 우리는 불행한 운명조차 사랑할 수 있게 됩니다. 그리고 그 운명애(amore fati)는 자기와 세계를 바꾸는 힘이 됩니다.

◉

멀리 헤매는 희망은

숱한 사람들에게 위안이 되지만

많은 사람들에게 들뜬 욕망의 미끼도 된다네.

그래서 더러 아무 영문도 모르고 있다가

뜨거운 불에 발을 데게 된다네.

누군가 현명하게도 이런 유명한 말을 했지.

신께서 그 마음을 재앙으로

인도하시는 자에게는 언젠가

악도 선으로 보인다고.

◉

살아가는 자가 영웅이다

표도르 도스토옙스키 · 『죄와 벌』

최은실

인간에 매혹된 작가,
도스토옙스키

인간은 신비 그 자체입니다. 우리들은 그 신비를 풀어야 합니다.
만약 평생에 걸쳐 이 문제를 푼다면 결코 시간을 낭비했다고는
말할 수 없습니다.

러시아 작가 표도르 도스토옙스키(Fyodor Mikhailovich Dostoevsky,
1821~1881)가 열여덟 살에 형 미하일에게 보낸 편지의 일부입니다.
이 말처럼 그는 한평생 인간이라는 존재에 호기심을 가지고 인간이
지닌 불안과 갈등, 고뇌와 모순을 밝히려고 부단히 노력했어요. 도스
토옙스키는 왜 그렇게 인간을 탐구했을까요? 바로 그 자신을 잘 이해
할 수 없었기 때문입니다.

도스토옙스키는 일평생 가난에 부대끼며 살았던 작가입니다. 성격

은 급하고 참을성이 부족한 데다 허영심이 많아서 낭비벽이 심했어요. 다혈질적인 성격 탓으로 도박에 중독되어 평생을 도박 빚에 허덕였지요. 자신이 진 도박 빚을 갚기도 빠듯한데, 마음은 착해서 죽은 형이 남긴 빚과 형 가족들의 생활비도 책임지려고 합니다. 도스토옙스키에게 글은 빚을 갚기 위한 생존의 도구였습니다. 언제나 미리 돈을 받고 마감일에 쫓기며 조급하게 글을 썼습니다. 자기 글에 대한 엄격한 기준과 출판 마감일을 맞춰야 하는 절박함 사이에서 늘 고뇌할 수밖에 없었지요.

도박을 그만두면 될 텐데 심한 후회와 우울증을 되풀이하면서도 또다시 도박에 빠지곤 했어요. 이런 탓에 쉬지 않고 글을 써도 빚은 점점 더 불어나기만 합니다. 얼마나 다급했던지 글씨를 쓸 시간조차 없어서 자신의 말을 받아 적을 속기사를 고용하기에 이릅니다. 그의 두 번째 아내도 속기사였지요. 그럼에도 불어나는 빚을 감당하지 못해 결국 다른 나라로 도망칩니다. 이때에도 그는 도박을 끊지 못했습니다.

도스토옙스키는 도박 빚 때문에 전당포를 제 집처럼 드나들고 지인들에게 살려 달라는 편지를 수없이 보냈으며 심지어 저작권도 잃을 뻔했지요. 재밌게도 그는 고료를 적게 받는 작가가 아니었습니다. 그는 인기 작가였고 유작인 『카라마조프가의 형제들』을 쓸 때는 국민 작가로 명성이 드높았어요. 그런데도 도박을 끊지 못해 늘 빚에 쫓겼습니다. 자기보다 고료를 더 많이 받는다는 이유로 톨스토이와 투르

도스토옙스키 톨스토이와 함께 19세기 러시아 문학을 대표하는 세계적인 문학가이다. 바실리 페로프가 그린 도스토옙스키의 초상화(1872년 작품).

게네프를 비난하기도 했으니 정말 징글징글하지요.

도박을 끊겠다고 매번 다짐하면서도 충동에 무너지는 도스토옙스키의 모습이 어딘가 익숙하지 않나요? 게임 그만하고 공부해야지, 이제 군것질 안 하고 살 빼야지 등등, 정도의 차이는 있을지 몰라도 우리의 모습과 닮았지요. 이뿐만이 아닙니다. 우리는 때로 예기치 못한 이끌림에 스스로 깜짝 놀랄 때가 있습니다. 갖고 싶은 물건을 훔치고 싶은 충동이 들 때도 있고 얄미운 누군가를 혼쭐내 주고 싶을 때도 있지요. 실제로 거짓말을 하고 후회하거나 커닝을 하다 들켜서 창피

한 때도 생깁니다. 나는 왜 이렇게 못났을까, 나는 착한 사람이 아닌가 싶어 우울하고, 친구들이 모두 나를 욕할 것만 같아 두려울 때도 있지요. 무얼 해야 좋을지 몰라 밤새우던 날들과 비난받을까 두려워 떨었던 어떤 순간들. 내 인생만 불투명한 것 같아 불안하고, 나만 속 좁게 신경 쓰는 것 같아 화가 치밀고, 나만 못나 보여서 속상한 날들……. 누구나 있을 겁니다.

도스토옙스키는 인간 내면에 깃든 이러한 양심과 모순, 의심과 불안과 같은 인간의 본성을 파헤치려 했지요. 그 자신이 끊임없는 욕망에 시달렸기에 인간이 가진 나약하고 부서지기 쉬운 감성을 잘 알고 있었습니다. 인간의 삶 또한 유리처럼 쉽게 깨져 버릴 수 있다는 것도 자신의 삶 속에서 절절히 깨달았지요.

인간의 본성을 파헤치려는 노력은 그의 작품에 고스란히 담겨 있어요. 그가 그려 내는 인물들은 끊임없이 내면의 충돌을 경험합니다. 이렇게 할까 저렇게 할까 갈등하고 고민하며 자신 안의 비겁함과 열등감, 속상함과 괴로움 등을 가감 없이 드러내 보이지요. 어찌나 적나라한지 작품을 읽다 보면 혼란스럽기도 하고 때론 오싹해지기도 합니다. 누구에게도 들키고 싶지 않아 꽁꽁 싸매 두었던 내 마음속의 온갖 불순한 감정을 마주하게 되거든요. 그래서 그의 작품을 읽으면 한편으로는 마음이 불편하기 짝이 없지만 또 한편으로는 깊이 공감이 되어 빨려 들듯이 읽게 됩니다. 도스토옙스키 작품의 특별한 매력이에요.

『죄와 벌』—경험에서 건진 소설, 삶을 되묻다

도스토옙스키는 일생을 육체적, 정신적 고통에 몸부림치며 살았지만 고통을 몰아내려고 애쓰지 않았습니다. 오히려 그 고통에서 살아 있음의 환희를 맛보려 했지요. 회전목마를 타기보다는 롤러코스터를 즐겼다고 할까요. 실제 그에게 실패와 고통은 빛나는 글을 쓸 수 있게 한 원료이기도 했습니다. 도스토옙스키가 빚에 쫓겨 제노바, 베를린, 프라하, 밀라노, 피렌체 등 각지로 옮겨 다니며 국외 체류자로 살았던 이 시기에 그의 5대 장편 중 『죄와 벌』, 『악령』, 『백치』, 『미성년』이 쓰여집니다. 삶에서 가장 고통받았던 시기에 가장 빛나는 작품을 남긴 것이지요.

『죄와 벌』은 위에서 말한 대로 도스토옙스키가 가장 힘들었던 시기에 쓴 장편이면서 작가 자신의 경험이 생생하게 녹아들어 있는 대표

작이기도 합니다. 흔히 범죄심리소설이라고 알려져 있는데요. 범죄소설이라기엔 뭔가 예사롭지 않습니다. 무려 800쪽에 달하는 장편소설인데 겨우 150쪽에서 누가, 누구를, 언제, 어디서, 어떻게 죽였는지 기본 줄거리가 다 나와 버리니까요. 나머지 650쪽은 살인을 저지른 주인공의 심리를 추적하는 데 할애됩니다. 딱 한 가지 '왜 살인을 저질렀는가?'를 찾기 위해서 말이에요. 도대체 사람을 죽여도 될 만큼의 이유는 어떤 것일까, 그 이유에 다른 사람들이 동의할 수 있을까 같은 질문에 대한 고민이 들어 있습니다. 그런데 대관절 이런 범죄 이야기에 작가의 경험이 담겨 있다니 무슨 소린지 궁금증이 생기지 않나요.

이 궁금증을 해결하려면 먼저 도스토옙스키가 살던 시대를 알 필요가 있어요. 19세기 중반, 러시아는 사회적으로 논쟁이 격렬했습니다. 국가의 권력이 황제에게만 집중되어 있었고, 국민들의 뜻은 반영되지 않았지요. 또 농노제도가 남아 있어 대부분의 농민들이 자신들의 수확물을 귀족들에게 바쳐야 했어요. 이 귀족들의 횡포는 더욱 심해져 농민들은 점점 궁핍해졌지요.

이런 상황에서 영국이나 프랑스와 같은 나라의 선진 문물이 들어오기 시작합니다. 인간은 자유롭고 평등하다는 사상도 널리 퍼지게 되지요. 이러한 서구 사상에 영향을 받은 지식인들은 서구 문화를 적극 도입하여 러시아를 개혁해야 한다고 주장합니다. 이들의 사상을 서구주의라 부릅니다. 서구주의 사상가들은 부패한 정부와 자신들의

배만 불리려는 귀족들을 강력히 비판합니다. 기도하라는 말로 국민들을 다독이는 교회 역시 비판의 대상이었어요. 나아가 이들은 신을 부정합니다. 그리고 어리석은 민중들을 계몽시켜서, 신에게 의탁하는 삶이 아니라 그 스스로 존엄함을 느끼고 평등한 세상을 만들도록 해야 한다고 외칩니다.

도스토옙스키는 젊은 날 서구주의 사상가들에게 큰 영향을 받았습니다. 그가 어울린 사상가들은 부패한 정부와 교회에 맞서 혁명을 일으켜야 한다고 믿었습니다. 부조리한 사회를 단번에 뒤엎어 버릴 영웅이 되고자 했던 것이지요. 도스토옙스키는 이들의 목소리에 매료됩니다. 그리고 혁명가들이 모인 페트라셉스키 서클에 비밀 회원으로 가입합니다.

한편 황제 니콜라이 1세는 사회 곳곳에서 정부를 비난하는 이런 비밀 서클에 독이 바짝 올라 있었습니다. 도스토옙스키가 정교회와 정치 권력자들을 비난하는 편지를 낭독한 날 경찰이 들이닥칩니다. 그곳에 있던 도스토옙스키를 포함한 십여 명의 회원들은 교회와 정부를 비난했다는 이유로 모두 체포되어 사형 선고를 받습니다.

도스토옙스키가 사형을 당했다면, 우리는 그의 작품을 만날 수 없었겠죠. 그는 죽음의 문턱까지 갔다가 어떻게 살아남을 수 있었을까요? 영화 속 한 장면 같은 일이 일어납니다. 사형을 집행하는 날, 동이 틀 무렵 그는 다른 죄수들과 함께 감옥 밖으로 끌려 나옵니다. 손발은 묶이고 두 눈도 가렸습니다. 자신의 사형 선고문을 읽는 소리가

니콜라이 1세 러시아의 황제. 사람들을 힘으로 누르고 통제하는 정치를 해 '몽둥이 차르'라는 별명을 얻었다. 프란츠 크뤼거가 그린 니콜라이 1세의 초상화(1852년 작품).

들려옵니다. 일렬로 선 군인들이 총을 장전합니다. 그는 코앞에 다가온 죽음에 말할 수 없는 공포심을 느낍니다. '이대로 끝이구나!' 바로 그때, 저 멀리서 한 사람이 말을 타고 달려옵니다. 뭔가를 건네받은 집행관이 멈추라는 지시를 내립니다. 집행관은 황제의 특별 사면령을 소리 높여 읽습니다. 사형 선고를 시베리아 유형으로 바꾸라는 내용입니다.

사실 사형 선고와 집행은 니콜라이 1세의 계략이었던 겁니다. 정부에 반항하는 이들에게 본보기를 보여 줌과 동시에 사형 선고를 내린 후 마지막 순간에 죽음을 면하게 해 주면 이 반항아들이 자신을 너그러운 황제로 받들게 될 거란 계산이었던 거죠. 사형 집행이 멈춘 순

간 도스토옙스키의 기분은 어땠을까요?

사형을 면한 그는 4년 동안 시베리아 유형지에서 중노동 징역을 살았습니다. 낮이나 밤이나 묵직한 쇠사슬을 걸쳐야 했고 먹을거리라고는 바퀴벌레가 우글거리는 수프밖에 없었지요. 성서 이외의 책은 읽을 수 없었고 동료들은 모두 범죄자들이었어요. 이 동료들과 함께 생활하면서 도스토옙스키의 사상이 급변하게 됩니다. 어떻게 바뀌었느냐고요? 『죄와 벌』 소설 안에 그 과정이 녹아 있습니다.

논리로 무장한 지식인, 영웅을 꿈꾸다

『죄와 벌』의 주인공은 라스콜리니코프라는 청년입니다. 그는 이성적이고 합리적으로 사고하는 자의식 강한 법학도이지요. 대학을 졸업하면 꽤 높은 공무원이 되어 평범하게 살아갈 수 있습니다. 그런데 지금 당장 그에게는 돈 한 푼이 아쉽습니다. 그는 몇 달째 하숙비를 내지 못해 독촉을 받고 있고, 학비는커녕 당장의 생활비도 걱정해야 할 만큼 가난합니다. 어머니와 여동생은 온갖 궂은일을 해서 마련한 돈을 그에게 보냅니다. 그는 가족들에게 책임감과 동시에 부담감을 느낍니다. 심지어 여동생은 그의 학비를 보태기 위해 돈 많은 남자와 결혼을 하겠다고 합니다. 그래 봤자 겨우 공무원이 될 미래인데 말이에요.

그러던 중 한 카페에서 마르멜라도프라는 술주정뱅이 말단 공무원을 만나게 됩니다. 마르멜라도프는 자신의 신세타령을 늘어놓습니

다. 자신의 딸 소냐가 가족을 위해 사창가에서 몸을 판다고 고백하지요. 라스콜리니코프는 소냐의 이야기에 여동생 두냐가 떠올랐습니다. 자신의 학비 마련을 위해 늙은 남자에게 시집가기로 한 여동생 두냐와 가족을 위해 몸을 파는 소냐는 본질적으로 큰 차이가 없다고 생각하지요. 그는 자기 때문에 여동생이 그런 희생을 치른다는 사실이 너무나 수치스럽습니다.

가난은 죄가 아니라지만 가난은 죄인을 만들기도 합니다. 작품에서는 가난 때문에 죄인이 될 수밖에 없는 군상들이 여럿 등장합니다. 딸을 팔았다는 괴로움을 술로 달래며 무기력함에 빠져 있는 마르멜라도프가 그렇고, 창녀라는 직업을 택할 수밖에 없는 소냐, 돈 많고 늙은 남자에게 시집가기로 결정한 여동생도 스스로에게는 죄인이 되겠지요. 소설 속 라스콜리니코프의 주변인들의 생활은 당시 러시아 민중들의 삶을 반영하고 있습니다. 당대의 러시아 민중들은 극심한 빈곤에 시달렸습니다. 갈수록 심해지는 빈부 격차에 농노들뿐만 아니라 서민들마저도 돼지우리 같은 집에 살며 굶주림에 고통받았습니다. 당대의 고단했던 민중들의 삶은 도스토옙스키의 처녀작 『가난한 사람들』에도 잘 나타나 있습니다.

우선 어두컴컴하고 지저분한 기다란 복도를 대충 상상해 보십시오. 복도 오른쪽은 아무것도 없는 밋밋한 벽이고요. 왼쪽으로는 온통 문, 문, 문뿐입니다. 여관방처럼 방들이 그렇게 죽 늘어서

「볼가 강의 배 끄는 인부들」 러시아 화가 일리야 레핀의 1870~1873년 작품. 러시아 민중의 힘겨운 삶을 표현하면서도 삶을 이끌어 가는 강인함을 담아냈다.

있어요. 거기서 사람들이 하숙을 합니다. 문을 열고 들어가면 방이 하나씩 있고요, 한 방에 둘도 좋고 셋도 좋고, 사람들이 살고 있습니다. 정리 정돈에 대해서는 묻지도 마십시오. 노아의 방주 속이 아마 이랬을 겁니다.

하지만 부자들은 거지들이 자신의 박복한 팔자를 큰 소리로 호소하는 것을 싫어해서 '정말 시끄러워 죽겠네. 끈질긴 인간들 같

으니!'라며 불평합니다. 가난은 언제나 끈질긴 겁니다. 그런데 저들은 가난한 사람들이 배가 고파서 내는 신음 소리 때문에 잠이라도 설친다는 겁니까, 뭡니까!

가난한 민중들은 구걸을 하거나 빵을 훔치는 범죄자가 되고 사회는 점점 혼란스러워집니다. 단지 신에게 기도함으로써 고난을 극복하자고 말하는 러시아 정교회의 외침은 공허하게 울릴 뿐 세상을 바꾸지 못합니다. 지식인들은 민중들의 고통을 더 이상 바라만 보고 있을 수 없었습니다. 부조리한 사회를 단칼에 베어 버릴 영웅이 되어야 했지요. 바로 라스콜리니코프가 그와 같은 생각을 지닌 지식인입니다. 라스콜리니코프는 이 부조리한 환경을 개선하고 싶습니다. 온갖 이론들이 그의 혼란스러움과 뒤섞이며 그럴듯한 가설을 만들어 줍니다. 그는 관처럼 작은 다락방에서 몇날 며칠 몽상에 취합니다.

그 작은 범죄 하나가 수천 가지의 선한 일로 보상될 수는 없는 걸까? 한 사람의 생명 덕분에 수천 명의 삶이 파멸과 분열로부터 구원을 얻게 되고 한 사람의 죽음과 수백 명의 생명이 교환된다면……. 사회의 기생충일 뿐인 노파를 살해하고 그녀의 돈을 누구나 안락한 생활을 할 수 있도록 다수의 이익을 위해 사용한다면 도덕적으로 정당화될 수 있지 않을까?

전당포 노파는 시계나 코트와 같은 물건을 담보로 사람들에게 돈을 빌려 주는 고리대금업자입니다. 이 노파는 매우 인색하고 이기적입니다. 충분히 돈이 많음에도 물건을 맡기는 사람들의 돈을 가로챌 궁리만 하지요. 게다가 늙고 병들어서 오래 살지 못할 것이 분명해 보입니다. 라스콜리니코프는 한쪽에는 병들고 사악한 늙은이를, 다른 한쪽에는 수백 명의 건강하고 선한 젊은이를 두고 저울질합니다. 그러면서 그는 자신만의 독특한 이론을 완성합니다.

그 이론에 따르면 세상 사람들을 '범인'과 '비범인'의 두 가지 부류로 나눌 수 있다는 것입니다. 범인은 평범한 부류로 사회질서에 복종하면서도 굴욕감을 느끼지 않고 오직 출산을 통해 종족을 번식시키기 위해서만 존재합니다. 반면 비범인은 더 나은 세상을 만들기 위해 스스로 도덕 기준을 만들고 살인까지도 저지를 수 있는 특권을 부여받은 존재입니다. 이들에게는 모든 것이 허용되지요. 쉽게 말하면 알렉산드로스 대왕이나 나폴레옹과 같은 영웅들입니다. 그들은 수없이 많은 인간을 죽이고도 살인자로 손가락질받기는커녕 역사 속의 영웅으로 칭송되고 있습니다. 라스콜리니코프는 바로 그와 같은 영웅, 그 자신이 스스로 기준을 만들고 도덕의 경계선을 뛰어넘을 수 있는 비범인임을 증명하기 위해 노파를 살해합니다.

죄-누구의 죄인가

여러분은 라스콜리니코프의 이론에 동의하나요? 그가 영웅이 되고

싶었던 까닭은 실은 도저히 자신의 처지를 견딜 수 없었기 때문입니다. 공부를 계속하기 위해서는 어머니와 여동생의 희생이 따라야 합니다. 그는 이 희생이 이들의 앞날에 더 큰 불행을 가져올 것임을 알고 있습니다. 그는 억울합니다. 남의 돈을 가로채는 고리대금업자는 부른 배를 두드리고, 정직하고 선량한 사람들은 주린 배를 움켜쥐어야 하니까요.

나는 그때 알고 싶었던 거야. 어서 알고 싶었어. 다른 사람들처럼 내가 '이'인가, 아니면 인간인가를 말이야. 내가 선을 뛰어넘을 수 있는가, 아니면 넘지 못하는가! 나는 벌벌 떠는 피조물인가, 아니면 권리를 지니고 있는가……

지렁이도 밟으면 꿈틀한다는 말이 있습니다. 살인은 도저히 희망을 찾을 수 없는 삶에의 마지막 몸부림이었습니다. 『레미제라블』의 장발장 이야기를 떠올려 봅시다. 장발장이 빵을 훔친 것은 죄이지만 빵 한 조각도 얻을 수 없었던 그의 처지에 연민이 들기도 하지요. 요즘에도 생활고에 시달리다 스스로 목숨을 끊는 이들의 소식을 종종 접할 수 있습니다. 그것이 과연 그 개인만의 문제라고 할 수 있을까요.

열악한 환경이 개선되었으면 하는 라스콜리니코프의 바람은 한 사람의 희생으로 다수가 이익을 보는 것이 합리적이라는 생각으로 발전합니다. 그리고 종국에는 더 나은 세상을 위해서는 도덕률마저 스

스로 세울 수 있어야 한다는 논리로까지 나아가지요. 스스로 몸을 불리며 극단으로 치달은 논리는 죄를 만들었지만 죄가 되기까지의 과정에는 인간으로서 견뎌 낼 수 없는 절망과 고통이 있었습니다. 그는 다만 인간답게 살고 싶었던 것입니다. 때문에 라스콜리니코프의 살인은 그 자체로 정당화될 수 없지만 도덕적으로 단죄하기도 어렵습니다.

도스토옙스키는 유형지에서 범죄자들이 회개하지 않는 데 깜짝 놀랐습니다. 그들은 자신들의 죄를 환경 탓으로 돌리지요. 범죄자들은 양심이 없어서가 아니라 그렇게밖에 할 수 없었기 때문에 죄를 저질렀다고 생각합니다. 도스토옙스키는 물어야 했지요.

하지만 누구의 죄란 말인가? 정말로 누구의 죄인가?

—『죽음의 집의 기록』

벌—괴로움은 어디에서 오는가

도스토옙스키가 만난 죄수들처럼 라스콜리니코프도 끝까지 자신의 죄를 인정하지 않습니다. 오히려 비범인이 되지 못한 자신의 나약함만을 탓하지요. 결말에 이르러 그는 자수를 하지만 그것은 죄를 인정해서가 아니라 그 자신이 영웅과 같은 강인함을 가지지 못했다고 판단했기 때문입니다. 8년의 징역형은 살인죄에 따르는 계산된 대가일 뿐 반성의 계기가 되지는 못합니다. 반성은 마음이 하는 것이니까요.

그렇다면 그는 벌을 받지 않았을까요?

노파를 살해하고 집으로 돌아온 그는 초조합니다. 아무도 모를 것이라 생각했다가도 모든 이들이 자기를 의심하고 있다고 느끼기를 반복합니다. 내면에서 솟구치는 비합리적인 무언가가 그의 정신을 파고들지요. 마음속 깊은 곳에서 끓어오르는 괴로움 때문에 라스콜리니코프는 심각한 혼란에 빠집니다. 사소한 일에도 신경질적이 되고 사람을 믿지 못해 불안에 떨며 가족과 친구들마저 피해 다니지요. 먹지도 마시지도 못한 채 몇날 며칠 열병을 앓기도 합니다. 심지어 범죄 현장에 찾아가 보거나 사건을 조사하는 경찰에게 그동안 자신이 한 일을 에둘러 고백하는 등 기이한 행동도 서슴지 않습니다. 라스콜리니코프는 점점 자기를 포함한 세상 모든 것들에 극도의 혐오감을 느낍니다. 정당화할 수 있다고 확신했던 살인은 막상 뚜껑을 열고 보니 누구에게도 말할 수 없는 비밀이 되어 버렸습니다. 그는 "모든 사람과 모든 것으로부터 자기 자신을 가위로 도려 낸 것만 같은" 고립감을 느낍니다. 한낱 '이'에 불과한 노파를 죽였지만 그것은 결국 '자기 자신'을 죽인 것과 다름없었습니다.

논리적인 판단으로 동기를 만들고 범죄를 계획했던 그는 범죄 이후에도 이성을 유지할 수 있을 거라 믿었습니다. 그러나 막상 범죄를 저지르고 나니 논리로 설명할 수 없는 감정이 복받쳐 영혼이 황폐해졌습니다. 더 나은 세상을 만들고자 했던 이상만으로는 떳떳할 수 없었어요. 왜 그럴까요? 그가 만들어 낸 이상은 애초에 인간답게 살고

자 하는 그 자신의 욕망에서 비롯한 것이었습니다. 이 욕망을 그는 이론으로 덮어 버렸지요. 그러나 양심은 그럴 수 없었어요. 양심은 논리로 만들어 가는 것이 아니라 인간의 정신에 이미 깃들어 있는 것이니까요. 그는 이론에만 매달려 그 자신이 욕망과 양심을 동시에 지닌 존재로서 인간임을 간과했던 것입니다.

도덕적인 이념들은 종교적 감정들에서 생겨난다. 논리는 결코 그것들을 정당화할 수 없다.　　　　　　　 —『죄와 벌』을 구상하면서

비범인을 넘어선 범인

이런 혼란의 와중에 라스콜리니코프는 소냐를 만나게 됩니다. 소냐는 술주정뱅이 아버지와, 폐병에 걸린 어머니, 그리고 어린 세 동생의 생계를 위해 사창가에서 몸을 팝니다. 저급한 중에서도 가장 저급한 일을 하는 소냐는 희망 없는 하루하루를 살지만 누구도 탓하지 않습니다. 시궁창 같은 현실과 더욱 더럽고 남루한 미래만 남았을 뿐인 소냐가 죽지 않고, 미치지 않고 살아가고 있다는 사실을 라스콜리니코프는 믿을 수가 없습니다. 그는 그토록 비루한 삶이라면 물속에 뛰어들어 마침표를 찍는 것이 더 낫지 않겠냐고 묻습니다. 소냐는 가족들 때문에 그럴 수 없다고 답합니다. 수치심과 죄의식에 사로잡혀 살지만 힘없는 동생들을 버릴 수는 없다는 것이지요. 좌절할 수밖에 없

는 현실의 조건에도 그녀는 묵묵합니다.

라스콜리니코프에게 소냐의 이런 자기희생은 어리석어 보입니다. 그가 보기에 그녀는 단지 굴욕적인 현실에 순응하는 범인일 뿐이지요. 그는 희망 없는 세상을 뒤엎어 버리자고 말하지만 소냐는 고개를 내젓습니다. 그런데 희한하지요. 모든 것을 인내하려는 소냐를 보는 것이 괴롭지만 그 자신이 저지른 죄를 떠올릴 때처럼 혐오스럽지는 않습니다. 그는 굴욕적인 현실을 살아가는 사람들이 인간으로서의 존엄을 스스로 포기한 것만 같아 답답하고 한심했습니다. 그런데 이제는 그들에게 존엄을 찾아 주고 싶었던 자기 자신이 더 한심하고 혐오스럽기까지 한 것이지요. 소냐 곁에 있으면 그의 마음이 편안합니다. 세상 모든 것들로부터 고립감을 느꼈던 그였는데 말이에요. 라스콜리니코프는 소냐의 그런 힘이 어디서 나오는지 궁금합니다. 소냐는 신을 부정하며 왜 살아야 하는지 의심을 거두지 않는 라스콜리니코프에게 성서의 '라자로의 부활'을 읽어 줍니다.

남은 양초는 비뚤어진 촛대 위에서, 이 가난한 방에서 '영원한 책'을 읽기 위해 기묘하게 만난 살인자와 매춘부를 희미하게 비추며, 이미 한참 전부터 꺼져 가고 있었다.

인간이 저지르지 말아야 할 경계를 넘어선 자들이 함께 성서를 읽습니다. 감정적인 동요가 둘을 에워쌉니다. 라스콜리니코프의 내면

라자로의 부활 무덤에 묻힌 지 나흘이나 지난 라자로가 예수의 기적으로 살아났다는 성서 속 이야기다. 러시아 야로슬라블 지역에 있는 작품 (1640년대 제작).

은 전보다 더욱 격렬하게 요동칩니다. 죽음보다 나을 것 없는 삶이라도 충실하려는 소냐 앞에 그의 논리는 길을 잃습니다. 살인을 해서라도 이 부조리한 세상으로부터 불행한 인간들을 구원하려 했던 비범인은 묵묵히 자신에게 주어진 길을 가며 타인을 보듬는 범인 앞에 무릎을 꿇습니다. 라스콜리니코프는 결국 소냐에게 자신의 죄를 고백하고 그녀의 청에 따라 자수를 결심합니다.

소설 속에는 이와 대조되는 선택을 한 '스비드리가일로프'라는 인

물이 있습니다. 그는 온갖 악행을 저지르고도 전혀 양심의 가책을
느끼지 않습니다. 자신의 욕망과 자유를 위해서라면 그 무엇도 거리
낄 것이 없지요. 그는 스스로를 강한 자라고 여깁니다. 만약 라스콜
리니코프가 스스로 살인을 정당화하고 계속 살아간다면 아마도 스
비드리가일로프와 같은 사람이 될 것입니다. 스비드리가일로프에게
는 없지만 라스콜리니코프는 아직 가지고 있는 어떤 것, 인간 정신
의 가장 깊은 층의 그 무엇이 이 둘의 운명을 달리 결정합니다. 욕망
을 좇으며 살아가는 스비드리가일로프에게는 한계가 없기에 출구도
없습니다. 그 무한한 허무의 끝에서 결국 그는 스스로 목숨을 끊습
니다.

　라스콜리니코프는 비록 자백을 하고 시베리아 유형소로 보내지지
만 그곳에서도 자신의 잘못을 인정하려 하지 않습니다. 라스콜리니
코프는 괴롭습니다. 소냐처럼 견디며 살 수도 없고 스비드리가일로
프처럼 죽지도 못하고 고작 유형소에서 벌을 받다니요. 그저 자신의
나약함 때문에 실패한 것만 같아 수치스럽고 자존심 상할 뿐입니다.
그러던 어느 날, 그는 꿈을 꿉니다.

　어떤 새로운 섬모충이 나타났는데, 이것은 현미경으로만 볼 수
있는 존재로 사람들의 몸속에 기생했다. 그러나 이 생물은 지성
과 의지를 부여받은 영靈적 존재였다. 이 생물에 감염된 사람들
은 즉시 발광해서 미쳐 버리게 되어 있었다. 그러나 감염된 사람

들만큼 자기가 진리에 확고히 뿌리를 박은 현명한 사람이라고 여기는 사람들은 일찍이 없었다. 이 사람들은 자신의 판단, 자신의 과학적인 결론, 도덕적인 확신과 신앙을 이때보다 더 확고하게 느껴 본 적이 없었던 것이다. 온 마을이 온 도시가 모든 사람들이 감염되어서 미쳐 갔다. 모두들 불안에 빠졌고, 서로를 이해하지 못하며, 오로지 각자 자기 속에만 진리가 있다고 생각하며 다른 사람들을 보면서 괴로워하고 가슴을 치면서 울부짖으며 손을 쥐어틀었다. 누구를 어떻게 판단해야 할지 몰랐고 무엇이 악이고 무엇이 선인지 의견의 일치를 볼 수 없었다. 누구를 고소하고 누구를 변호해야 할지 몰랐다.

이론과 사상에 물들어 자기만 옳다고 주장하는 지식인들이 초래할 암담한 미래를 그는 막연히 짐작합니다. 그리고 꿈에서 깨어난 후 이상한 광경에 사로잡힙니다.

라스콜리니코프는 헛간에서 나와 강기슭으로 가서, 헛간 옆에 쌓아 올린 통나무 위에 앉아, 광활하고 황량한 강을 바라보기 시작했다. 지대가 높은 강기슭에서는 탁 트인 주변 정경이 한눈에 들어왔다. 멀리 있는 맞은편 강가에서는 노랫소리가 가물가물 들려오고 있었다. 햇살을 듬뿍 받은 건너편 초원에서는 유목민들의 분여지가 검은 점처럼 희미하게 보였다. 그곳에는 자유가

있었고, 이곳 사람들과는 전혀 다른 사람들이 살고 있었다. 또한 그곳은 마치 시간마저 멈춰 버려서 아브라함과 그의 목축들의 시대가 아직 끝나지 않은 것 같았다. 라스콜리니코프는 꼼짝도 하지 않고 앉은 채 눈을 떼지 않고서 그곳을 바라보았다. 그의 생각은 몽상과 명상으로 이어졌다. 그는 아무것도 생각하지 않았지만, 어떤 애수가 그를 설레게 하고 마음을 아프게 했다.

라스콜리니코프가 바라본 유목민들의 일상은 마치 인류의 낙원처럼 그려집니다. 그곳은 이론이나 사상이 없는 세계이지요. 라스콜리니코프는 어떤 애수에 복받칩니다. 이는 그가
범죄를 저지른 후 느꼈던 고통스러움처럼

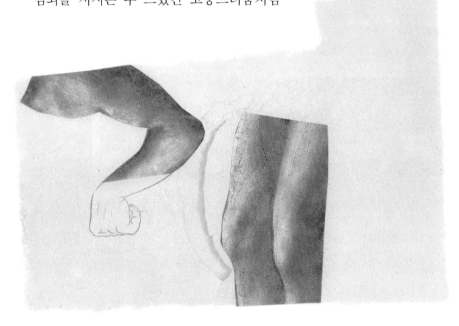

설명할 수 없는 감정입니다. 그리고 옆에는 소냐가 있지요. 그들은 앞으로의 삶을 함께할 것입니다. 새로운 미래가 꿈틀대지만 그 삶이 어떠할지는 알 수 없습니다. 그는 다만 느낄 뿐이지요.

> 그는 다만 느꼈다. 변증법 대신에 삶이 도래했고 의식 속에서 무언가 전혀 다른 것이 형성되어야만 한다는 것을.

앞서 도스토옙스키의 사상이 유형지에서 급변했다고 이야기했지요. 유형지에서 도스토옙스키는 천민 출신의 범죄자 동료들이 계급이 다르다는 이유로 자신을 멀리하는 걸 눈치챕니다. 농노제 폐지를 외치며 평등한 세상을 꿈꿨던 그는 그들과 같이 고통을 나눌 수 없어 괴로워하지요. 그리고 교양 없고 무지하며 앞으로의 삶에 어떤 희망도 없는 그들이 매 순간 하루하루의 삶을 소중히 하고 신을 믿는다는 데 크게 감동받습니다.

여기서 신을 믿는다는 건 주어진 삶을 귀하게 여기는 마음에서 비롯되는 것입니다. 신이 내려 준 삶이어서 귀중한 것이 아니라 삶이 소중하기 때문에 살아 있는 매 순간에 신이 깃들어 있다고 믿는 것이지요. 그는 더 이상 선과 악, 도덕과 부도덕, 옳고 그름을 이분법적으로 분별하지 않게 됩니다. 변증법과 같은 이론에 매달리지도 않습니다. 그가 새로이 주목한 것은 인간의 정신적 가치였습니다. 세상은 논리적으로 설명 가능한 이론이 아니라 비합리적이지만 인간의 정신

에 깃든 삶에의 긍정, 그 내부로부터의 확신을 통해서 변화할 수 있다고 생각했지요.

라스콜리니코프는 가난한 자와 부자, 이로운 자와 해로운 자, 범인과 비범인으로 사람들을 분류했었습니다. 그는 세상이 불합리하다는 판단 아래 다수의 평등을 위해 해로운 자를 죽일 자격이 자기에게 있다고도 믿었지요. 그러나 그는 스스로를 정당화할 수 없었고 묵묵히 자신의 삶을 사는 소냐로부터 전혀 새로운 삶에의 감동을 느꼈습니다. 어떤가요? 도스토옙스키와 라스콜리니코프가 어딘지 닮지 않았나요?

살아가는 자가 영웅이다

라스콜리니코프가 소녀의 자기희생을 이해하기 힘들었듯 도스토옙스키 또한 유형지에서 만난 범죄자들이 체념 속에서도 희망하기를 포기하지 않는 태도에 놀랐습니다. 범죄자들에게 징역살이는 불행의 연장일 뿐입니다. 그들에게는 감옥 안과 감옥 밖의 생활이 크게 차이가 없었기 때문이지요. 사회가 만들어 놓은 죄는 반성의 대상이 아니고 따라서 벌은 육체적 고통 그 이상도 이하도 아니었습니다. 그럼에도 그들은 신 앞에 속죄하기를 멈추지 않았습니다. 참회와 속죄는 법 앞에서가 아닌 신 앞에서 이뤄졌습니다.

무신론자였던 도스토옙스키는 변변치 못한 범죄자들의 정신에 깃든 신을 헤아리고자 합니다. 그에게 신이란 사랑과 헌신으로 라스콜

리니코프를 부활의 길로 인도했던 소냐와 같은 존재였습니다. 그는 모든 것들을 연민으로 보듬는 완전한 존재로서 인간 그리스도를 믿었지요. 그러나 그는 확신할 수 없었어요. 평생 믿으면서 불신했고 불신하면서 믿기를 포기하지 않았습니다. 마치 희망이 없는 가운데서도 기도하기를 멈추지 않았던 유형소의 죄수들처럼 말이지요.

도스토옙스키의 이러한 신에 대한 태도는 곧 삶에 대한 태도이기도 했습니다. 앞서 삶이 소중하기에 매 순간에 신이 깃들어 있는 것이라고 했었지요. 소냐는 죄를 고백한 라스콜리니코프에게 속죄의 의식으로 대지에 입을 맞추라고 말합니다. 농사를 업으로 삼았던 러시아 민중들에게 대지는 만물을 품는 '어머니'이자 삶 자체였기 때문입니다. 속죄는 삶에 하는 것이고 기도 또한 삶을 향해 있습니다. 신을 믿는다는 건 곧 삶을 믿는다는 것이지요. 라스콜리니코프의 친구 라주미힌은 소설 속에서 건강한 정신을 지닌 인물로 등장합니다. 그는 살아온 과정이 무엇보다 중요하다고 말하면서 '산 과정'을 무시하는 지식인들을 이렇게 비판하지요.

살아 있는 영혼은 삶을 요구하고, 살아 있는 영혼은 기계학에 순종하지 않으며, 살아 있는 영혼은 의심이 많고, 살아 있는 영혼은 반동적이야. (…) 본성은 삶을 원하고, 삶의 과정은 아직 완료되지 않았으니 무덤에 가기는 이르지. 단 하나의 논리로는 인간의 본성을 뛰어넘을 수 없는 일이야.

인간은 복잡하고, 인간이 가꾸는 삶 또한 불확실합니다. 삶이란 그 복잡함과 불확실함을 확인해 가는 과정이지요. 인간다움 또한 그러한 과정 속에서 끊임없이 충돌하면서도 긍정하기를 멈추지 않는 힘, 우리의 내부에서 소용돌이치는 것입니다.

앞서 도스토옙스키가 사형 집행에서 극적으로 목숨을 구한 일화를 이야기했었지요. 판결이 번복되고 난 몇 시간 후에 도스토옙스키는 형에게 이런 편지를 씁니다.

어느 곳에서의 삶이든 그것 역시 삶이고, 삶은 우리들 자신 속에 있는 것이지 결코 외부에 있는 것이 아니었습니다. 나의 곁에는 사람들이 있을 것이며, 사람들 사이에 또 사람이 있을 것이고, 어떤 재난이 몰아친다 하더라도 항상 의기소침해하지 않고 흔들리지 않는 것, 그것이 인생이고, 거기에 바로 인생의 과제가 있는 것 아니겠습니까? 나는 이 점을 깨닫게 되었습니다. 이런 사고는 나의 살과 피가 되었습니다. (…) 그들은 나의 몸에 호된 자국을 남겼습니다. 정말입니다! 하지만 나의 몸속에서 심장은 여전히 뛰고 있고, 사랑하고 괴로워하며, 욕망을 품고 기억을 되새길 줄 아는 살과 피가 여전히 남아 있습니다. 이것 역시 결국 삶인 것입니다.

『죄와 벌』에는 작가 자신의 젊은 날의 불안이 반영되어 있습니다.

이는 지금의 젊은이들의 고민과도 멀지 않습니다. 당대의 러시아로부터 150년, 지금의 우리는 사상의 혼란과는 다소 떨어진 세대일 겁니다. 그러나 우리는 여전히 불안 속에 있습니다. 개개인에 부과되는 기대치는 점차 커져 가고, 경쟁에 내몰린 우리는 오늘 틀린 수학 문제 하나가 내 인생을 얼마나 바꿀지 알 수 없어 불안합니다. 불확실한 삶이 주는 불안을 피하려고 우리는 자꾸만 이성과 논리를 앞세워 설명하려고 합니다. 자살한 학생은 시험에 대한 스트레스 때문에, 부친을 살해한 청년은 용돈을 주지 않아서, 자식을 죽인 어머니는 우울증이 깊어서 등등 단편적인 이유들을 붙여 쉽게 이해하려고 하지요. 그것이 전부가 아니라는 것을 알면서도 그렇게 설명해야 혼란스럽지 않으니까요.

그러나 그럼에도 우리는 죄와 벌, 도덕과 부도덕, 원인과 결과, 옳고 그름의 판단들이 가리고 있는 것을 보아야 합니다. 논리는 우리 내면의 갈등이나 괴로움을 설명하지 못합니다. 그럴수록 스스로를 왜곡하고 소외시켜 버리게 되죠. 살아 있음에 힘이 있다면 그것은 법이나 논리가 아니라 모순과 의심, 고뇌와 갈등, 불안과 저항 속에서 부딪히는 다채로운 감각들에 의한 것입니다. 이러한 감각들은 인간으로 살아가고 있기에 느낄 수 있는 것이기도 하지요. 고통스럽더라도 '산 과정'을 온전히 받아들이려고 할 때 우리 자신과 이 세계를 더 넓게 포용할 수 있습니다. 도스토옙스키의 외침처럼 우리의 심장은 여전히 뛰고 있습니다.

◉

그는 다만 느꼈다.

변증법 대신에 삶이 도래했고

의식 속에서 무언가 전혀 다른 것이

형성되어야만 한다는 것을.

◉

●

고전 및 인용문 출처와 더 읽을거리

●

저자 소개

| 고전 및 인용문 출처와 더 읽을거리 |

● 「우정은 세상을 돌며 춤춘다」(강민혁)에서 함께 읽은

에피쿠로스의 『쾌락』(오유석 옮김, 문학과지성사)은 현재 남아 있는 에피쿠로스 문헌들을 거의 모두 모아 엮은 책입니다. 원래 '쾌락'이라는 제목의 에피쿠로스 저작은 없습니다. 아마도 번역자가 에피쿠로스의 철학 문헌들을 '쾌락'이라는 핵심 키워드로 묶은 것 같습니다.

에피쿠로스는 300편이 넘는 글을 썼다고 전해지지만, 지금 남아 있는 것은 두 편의 짧은 글모음(「중요한 가르침」, 「바티칸의 금언들」)과 세 편의 편지(「메노이케우스에게 보내는 편지」, 「헤로도토스에게 보내는 편지」, 「퓌토클레스에게 보내는 편지」)가 전부입니다. 만일 에피쿠로스의 생애가 궁금하시다면 디오게네스 라에르티오스가 쓴 『그리스철학자열전』(전양범 옮김, 동서문화사)에서 에피쿠로스 편을 읽어 보시면 됩니다. 에피쿠로스의 생애에 대해 설명할 때 가장 많이 인용되는 책입니다. 참고로 「중요한 가르침」과 세 편의 편지도 이 책에 수록된 글입니다.

에피쿠로스의 사유에 대해서는 『고대원자론』(양창렬 옮김, 논장)을 권합니다. 프랑스 철학자인 장 살렘이 고대 초기 원자론자들의 철학을 매우 체계적으로 설명하고 있습니다. 이 책의 2장 '에피쿠로스' 편은 에피쿠로스 철학을 그의 생애, 규준론, 자연학, 윤리학으로 나누어 알기 쉽게 정리하고 있습니다. 번역도 매우 훌륭하므로 에피쿠로스의 『쾌락』을 읽으면서 함께 참고하면 좋을 것 같습니다.

아울러 에피쿠로스의 철학을 '자기 배려'의 관점에서 설명한 책으로는 단연 미셸 푸코의 『주체의 해석학』(심세광 옮김, 동문선)을 권합니다. 이 책은 푸코가 1982년에 콜레주 드 프랑스에서 강의한 내용을 녹취하여 엮은 책으로, 특히 2월 3일 후반부, 2월 10일 후반부 강의는 에피쿠로스의 철학을 독창적으로 설명하고 있습니다. 물론 청소년이 읽기에는 어려운 책이지만, 만일 앞의 책을 읽고 좀 더 이해를 전진시키고 싶다면 이 책에 도전해 보십시오.

● 「울분을 넘어 역사를 기록하다」(김현식)에서 함께 읽은

사마천의 『사기』는 현재 민음사에서 김원중 선생의 번역으로 완역본이 출간되어 있습니다. 글

에서 인용한 문장은 이 책을 참고했다는 점을 일러둡니다. 「보임소경서」는 『사마천 평전』(지전 화이 지음, 박정숙·김이식 옮김, 글항아리)을 참고했습니다. 본래 의미를 살리면서 읽기 편한 문장으로 다듬었습니다. 저자가 직접 번역한 부분도 있습니다.

글에서도 언급했듯 완역본 『사기』는 매우 방대합니다. 혼자서 마음먹고 읽을 수 있는 분량이 아닙니다. 그래도 한번 읽어 보겠다면 먼저 『열전』을 읽고 『본기』, 『세가』 순으로 읽기를 권합니다. 주요한 부분을 뽑아 읽는 것도 좋은 방법입니다. 「백이 열전」, 「관안 열전」, 「오자서 열전」, 「상군 열전」, 「염파·인상여 열전」, 「여불위 열전」, 「자객 열전」, 「회음후 열전」, 「흉노 열전」, 「화식 열전」, 「태사공 자서」, 「공자 세가」, 「항우 본기」 등을 먼저 읽기를 권합니다.

『역사 속에서 걸어나온 사람들』(나카지마 아츠시 지음, 명진숙 옮김, 다섯수레)에서 「이능」 편은 사마천이 겪은 재앙을 이해하는 데 도움을 주는 작품입니다. 짧은 분량이니 가볍게 읽을 수 있을 것입니다.

●「자연에 따라 살아라」(현민)에서 함께 읽은

장 자크 루소의 『에밀 또는 교육론』은 총 5권으로 되어 있으며, 『사회계약론』과 동일한 해인 1762년에 출간되었습니다. 「인간을 만드는 기술」에 소개한 인용문은 『에밀 또는 교육론』1, 2(이용철·문경자 옮김, 한길사)에서 가져왔습니다. 읽는 사람의 이해를 돕기 위해 수정한 부분이 있습니다. 『에밀』 외에도 루소가 직접 자신의 생애를 기록한 『고백록』1, 2(이용철 옮김, 나남)과 교육이론가 윌리엄 보이드가 1911년에 내놓은 저서 『루소의 교육이론』(김안중·박주병 옮김, 교육과학사)을 참고했습니다.

『에밀』의 영향력이 어땠는지를 짐작할 수 있는 역사적 일화는 많습니다. 대표적으로, 교육사상가 페스탈로치는 『에밀』을 읽고 난 다음 신학 공부를 포기하고 농부가 되었습니다. 스위스 베른 근처의 버려진 땅에 농원을 짓고, 루소의 이름을 딴 아들 '장 자크'와 고아들을 가르치는 실험을 합니다. 시곗바늘처럼 성실하고 규칙적인 생활을 했던 칸트가 『에밀』을 읽느라 산책을 잊어버렸다는 것은 유명한 일화입니다.

하지만 여러분에게 『에밀』은 직접 읽으라고 권하진 않겠습니다. 소설의 형식을 취했다지만 현대문학과는 거리가 멀어서 재미나 흥미를 붙이긴 쉽지 않습니다. 서점에는 『에밀』을 요약하거나 풀어쓴 책들이 여럿 있지만 이 또한 도움이 될지 모르겠습니다. 과중한 입시교육에 시달리는 한국 청소년들의 현실을 고려할 때, 몇 권의 책 목록을 추가하는 것은 다양한 체험을 중시

했던 루소가 반대할 것 같습니다. 굳이 한 권을 꼽자면 『에밀』보다는 『고백록』이 루소에게 다가가기 위한 손쉬운 접근 방법이라고 생각합니다.

● 「진실을 품은 자 운명 앞에서 용감하라」(박정수)에서 함께 읽은

소포클레스 비극 3부작 「오이디푸스 왕」 「콜로노스의 오이디푸스」 「안티고네」의 인용문은 『소포클레스 비극전집』(천병희 옮김, 숲)에서 가져왔습니다. 그리스 비극에 담긴 고대 그리스인들의 독특한 운명관에 대해 좀 더 알고 싶은 사람에게는 프리드리히 니체의 『비극의 탄생』(박찬국 옮김, 아카넷)을 권합니다. 또한 고대 그리스인들이 '진실'을 이해하고 실천하는 독특한 방식에 대해서는 미셸 푸코의 콜레쥬 드 프랑스 마지막 해 강의 「The Government of Self and Others」가 볼만하지만, 영어가 부담스러운 사람에게는 『미셸 푸코 진실의 용기』(프레데릭 그로 외 지음, 박은영 외 옮김, 길)를 권합니다.

● 「살아가는 자가 영웅이다」(최은실)에서 함께 읽은

도스토옙스키의 『죄와 벌』은 1866년 잡지 『러시아통보』에 1월부터 12월까지 연재되었던 작품으로 그 이듬해에 단행본으로 출판되었습니다.

「살아가는 자가 영웅이다」에 소개한 도스토옙스키의 소설 인용문은 『죄와 벌』(홍대화 옮김, 열린책들), 『가난한 사람들』(석영중 옮김, 열린책들), 『죽음의 집의 기록』(이덕형 옮김, 열린책들)에서 가져왔습니다. 도스토옙스키의 편지 인용은 도스토옙스키의 편지를 엮은 『죽음의 집의 기록에서 죄와 벌까지』(손영미 옮김, 바리데기)를 참고하고, 이해를 돕기 위해 『도스토예프스키 1』(콘스탄틴 모출스키 지음, 김현택 옮김, 책세상)에 수록된 번역문을 사용하였습니다. 오역이 있어서가 아니라 이 글을 이해하는 데 더 적합한 번역이라 판단했기 때문입니다. 도스토옙스키 편지의 전문을 읽고 싶은 분들은 『죽음의 집의 기록에서 죄와 벌까지』, 『도스토예프스키의 유럽 인상기』(이길주 옮김, 푸른숲)를 보시면 좋습니다. 단상 인용은 『도스토예프스키』(안코 라브린 지음, 홍성광 옮김, 한길사)에서 가져왔습니다. 이 밖에도 도스토옙스키의 삶을 다룬 다수의 책들에서 이해를 얻었습니다. 『죄와 벌』은 술술 읽히는 소설이 아닙니다. 분량도 많고 어려운 편이에요. 그렇지만 꼭 완역본으로 읽어 보기를 바랍니다. 삶이 주는 기쁨만큼이나 소설을 읽는 즐거움 또한 줄거리가 아니라 그 전체의 과정, 세세한 묘사에 있는 것이니까요.

| 저자 소개 |

● 「우정은 세상을 돌며 춤춘다」를 쓴 강민혁은

대학을 졸업하고 들어간 은행에서 밥벌이를 합니다. 지지리도 아둔했던 사람이 뒤늦게 찾아간 연구공간 '수유+너머'에서 철학을 만나 새로운 삶에 들어섰습니다. 밥벌이 틈틈이 친구들과 함께 책을 읽고 글을 씁니다. 지금은 주로 남산에 자리 잡은 '감이당'에서 철학과 의역학을 공부합니다. '수유너머 문'에서는 그리스 로마 철학을 공부했습니다. 친구들과 함께 만든 「인물톡톡」에서 '레닌'에 대해 썼고, 최근에는 그간 쓴 글들을 모아 「자기배려와 인문학」이란 책으로 엮어 내놓았습니다.

● 「울분을 넘어 역사를 기록하다」를 쓴 김현식은

「논어」, 「장자」, 「사기」 등을 읽으며 고전의 넓고 깊은 바다를 누비고 있습니다. 그러나 이 광활한 바다에 혼자 뛰어드는 것은 무리인 법. 함께 공부할 친구를 찾기 위해 몇 년째 주말마다 청소년과 고전을 읽고 있습니다. 쓴 책으로는 「공자와 제자들의 유쾌한 교실」이 있으며 곧, 「천하무적 맹자가 나가신다」라는 책이 나올 예정입니다.

● 「자연에 따라 살아라」을 쓴 현민은

사회복지학과, 사회학과, 수유너머를 다녔습니다. 병역을 거부하고 수감 생활을 했습니다. R. W. 코넬의 「남성성/들」을 주도해서 옮겼습니다.

● 「진실을 품은 자 운명 앞에서 용감하라」를 쓴 박정수는

대학에서 문학을 전공하고 지금 수유너머R에서 생활하고 있습니다. 그동안 쓴 책은 「현대소설과 환상」, 「청소년을 위한 꿈의 해석」이 있고 번역한 책은 슬라보예 지젝의 「잃어버린 대의

를 옹호하며」외 4권이 있습니다. 책상에 오래 앉아 있지 못하는 성격이라 주로 움직이면서 공부합니다. 어떤 아이디어가 떠오르면 곧바로 실행하려는 습성이 있으며, 농사, 요리, 목공, 공공 미술, 마을 만들기에 관심이 많습니다.

● 「살아가는 자가 영웅이다」를 쓴 최은실은
'언제까지나 알인 채로, 껍질을 깨려는 노력을 그치지 않는 지오 씨' 이렇게 소개하기를 즐깁니다. 수유너머R에서 사람들을 만나고 이야기를 궁리합니다. 세상 모든 것에는 이야기가 있고 그것이 우리가 소통할 수 있는 이유라고 믿습니다.

● 이 책을 기획하고 진행한 김수미는
지역에서 청소년을 만나 상담하는 일을 합니다. 수유너머R에서 책을 읽고 글을 씁니다. 사람과 책이 던져 주는 일렁임을 좋아합니다. 함께 살고 공부하며 몸과 마음이 지니는 경계를 말랑말랑하게 만들고자 합니다.

●
생각이 찾아오는 학교 너머학교

생각한다는 것
고병권 선생님의 철학 이야기
고병권 지음 | 정문주·정지혜 그림

탐구한다는 것
남창훈 선생님의 과학 이야기
남창훈 지음 | 강전희·정지혜 그림

기록한다는 것
오항녕 선생님의 역사 이야기
오항녕 지음 | 김진화 그림

읽는다는 것
권용선 선생님의 책 읽기 이야기
권용선 지음 | 정지혜 그림

느낀다는 것
채운 선생님의 예술 이야기
채운 지음 | 정지혜 그림

믿는다는 것
이찬수 선생님의 종교 이야기
이찬수 지음 | 노석미 그림

논다는 것
오늘 놀아야 내일이 열린다
이명석 글·그림

본다는 것
그저 보는 것이 아니라 함께 잘 보는 법

김남시 지음 | 강전희 그림

잘 산다는 것
강수돌 선생님의 경제 이야기

강수돌 지음 | 박정섭 그림

사람답게 산다는 것
오창익 선생님의 인권 이야기

오창익 지음 | 홍선주 그림

삼국유사,
끊어진 하늘길과 계란맨의 비밀

일연 원저 | 조현범 지음 | 김진화 그림

종의 기원,
모든 생물의 자유를 선언하다

찰스 다윈 원저 | 박성관 지음 | 강전희 그림

너는 네가 되어야 한다
고전이 건네는 말 1

수유너머R 지음 | 김진화 그림

나를 위해 공부하라
고전이 건네는 말 2

수유너머R 지음 | 김진화 그림

독서의 기술,
책을 꿰뚫어보고 부리고 통합하라

모티머 J 애들러 원저 | 허용우 지음

우정은 세상을 돌며 춤춘다
고전이 건네는 말 3

수유너머R 지음 | 김진화 그림

질문과 질문으로 이어지는 생각 익힘책

생각연습
생각의 근육을 키우는 질문 34

리자 하글룬트 글 | 서순승 옮김 | 강전희 그림

그림을 그린 **김진화** 선생님은

대학교에서 회화를 공부하고 어린이 책에 그림을 그려 왔습니다. 여러 가지 재료로 물건을 만들어서 사진을 찍는 등 다양한 기법으로 재미있는 그림, 뜻을 담은 그림을 만들기 위해 애쓰고 있습니다. 『친구가 필요해』 『학교 가는 길을 개척할 거야』 『기록한다는 것』 『삼국유사, 끊어진 하늘길과 계란맨의 비밀』 『수학식당』 『너는 네가 되어야 한다』 『나를 위해 공부하라』 등 여러 책에 그림을 그렸습니다.

사진 제공

Wikimedia Commons(Keith Schengili-Roberts, Jean-Pierre Lavoie, Finoskov), 當代傳奇劇場

고전이 건네는 말 3

우정은 세상을 돌며 춤춘다

2014년 7월 30일 제1판 1쇄 발행
2015년 4월 30일 제1판 2쇄 발행

지은이	수유너머R
그린이	김진화
펴낸이	김상미, 이재민
편집	김세희
디자인기획	민진기디자인
종이	다올페이퍼
인쇄	청아문화사
제본	광신제책
펴낸곳	너머학교
주소	서울시 종로구 자하문로 100-1 청운빌딩 201호
전화	02)336-5131, 335-3366, 팩스 02)335-5848
등록번호	제313-2009-234호

ⓒ 수유너머R, 2014

ISBN 978-89-94407-26-5 44100
ISBN 978-89-94407-30-2 44000(세트)

너머북스와 너머학교는 좋은 서가와 학교를 꿈꾸는 출판사입니다.